KB043273

신유통혁

New Retail

통명

신유통혁명

New Retail

2019·서영

머리말

—

2017년을 돌아보면 인공 지능(AI)이나 자율 주행 자동차, 최근 광풍이 쓸고 지나간 비트코인 등 블록체인 기반의 여러 가지 기술들, 인터넷을 떠들썩하게 하는 신유통(新流通)과 같은 새로운 개념들이 끊임없이 나타나고 있다.

이러한 변화 중에서 본서에서는 '신유통'을 다루고자 한다.

신유통(뉴 리테일: New Retail)은 중국 최대 전자상거래 업체 알리바바의 마윈(馬雲) 회장이 처음 사용한 용어로 기업이 빅데이터, 인공 지능 등 최신 기술과 온·오프라인 체험, 현대화된 물류를 융합한 새로운 유통 모델을 말한다.

'신유통'을 다루는 이유는 사실 간단하다. 유통업계가 마주하고 있는 역설적 상황을 목전에 두고 있기 때문이기도 하지만, 모든 상품이든 서비스든 온라인이든 오프라인이든 모든 사람 사이의 거래는 결국은 유통을 거쳐야 하기 때문이다.

최근 몇 년간 유통업계는 큰 시련을 겪고 있다. 미국 유통업계의 거두 월마트는 2016년에 세계 각국에서 269개 점포의 문을 닫고, 16,000명의 사원을 해고했다. 중국에서도 월마트는 2017년 상반기, 16개 점포의 영업을 종료했다.

마트와 마찬가지로 백화점도 참담한 상황이다. 한때는 폭발적인 인기였던 백화점의 상당수는 예전과 달리 손님이 줄면서 한산하다. 의류전문점의 매출도 좋지만은 않다.

반면, e커머스(전자상거래, electronic commerce)는 기세등등하고 순조롭게 발전하고 있는 것처럼 보인다. 실제 오프라인에서 점포를 차려 판매업을 하는 사람들의 대부분이 인터넷 기업이 실물경제를 좀먹고 있다고 생각하고 e커머스를 원망한다. 그런데 과연 정말로 그럴까?

다음의 데이터를 보자. 유통업은 점점 난항을 겪고 있다고 생각되지만, 2017년 중국의 사회 소비재 유통 총액은 36조 6,262억 위안(약 6,226조원)[01]으로 성장, 전년 대비 10.2%가 증가했다.

여성 신발브랜드인 다프네(達芙妮)는 구두가 잘 팔리지 않는다고 느꼈지만, 사실 2017년 신발류의 소비액은 전년 대비 7.8% 증가했다. 소비자가 구두를 사지 않게 된 것이 아니라 오히려 이전보다 더 구입했다는 것을 알 수 있다.

이것은 매우 흥미로운 역설적 상황이다.

---

01) 2019년 위안화 환율 1위안 : 170원으로 계산함.

많은 전통적 유통기업이 '세계의 종말이다'라고 느끼고 있는데, 중국 전체의 소비재 소매총액은 감수하기는커녕, 반대로 증기하고 있었다. 그것은 왜 그럴까?

유통업의 본질은, 고객에게 최고의 제품을 제공하거나, 고객에게 최고의 서비스를 제공하는 것이다. 이 방법 자체는 잘못되지 않았지만, 오늘날 종래의 유통기업들은 이러한 방식을 전개하는 과정에 있어서 커다란 문제에 직면해 있고, 그것이 당장 매출 감소로 이어지고 있다.

본서에서는, 어떤 원인으로 이러한 종래의 소매유통 기업을 '고민하게 하는' 역설적 상황이 태어났는지, '뉴 리테일(신유통)'은 도대체 무엇인가에 대해 상세하게 설명하고자 한다. 사실, 제품과 서비스를 제공하는 유통업의 고유 방법이 제대로 기능하지 않게 된 것은, 현재의 소매 유통업계의 변화가 제품과 서비스의 이노베이션(innovation, 기술혁신)이 아니라 구조적인 변화이기 때문이다.

소비재 판매가 증가하고 있는 상황에서 일부 기업의 매출액이 감소하고 있다는 것은, 한편으로는 그들과는 다른 방식으로 많은 제품이나 서비스를 사람들에게 제공해 매출을 늘리고 있는 기업이 반드시 있다는 것을 의미한다. 그 때문에 변화를 따라가지 못하는 일부 유통기업들은 그 어느 때보다 혹독한 시련을 겪고 있다.

그렇다면 왜 유통업계가 구조개혁에 직면하고 있는가?

새로운 테크놀로지, 효율적인 도구, 새로운 생산 관계가 나타날 때마다 비즈니스 모델은 크게 변화한다. 전체적인 방향성에서 말하자면, 보다 효율적인 비즈니스 모델로 발전해 나가는 것이다.

알기 쉬운 예를 들자. 비즈니스의 기본 논리에는 '정배율'이라는 개념이 있다.

만일 옷 1벌의 생산 비용이 100원이라고 하자. 그 옷을 소비자가 500~1,000원으로 구매한다고 가정하면 이 옷의 판매가격은 원가의 5~10배이며, 5~10배가 그 정배율이다. 그리고 소비자들은 이 사실을 알고도 어느 정도 이해하고 있다. 물류비용과 매장의 임대료, 판매 직원의 인건비, 재고의 손실 등등을 인정해서 말이다. 그런데 놀랍게도 화장품이나 스킨케어 업계의 정배율은 20~50배에 달했다.

이것은 정확한 사실이며, 이 사실이 의미하는 것은 지금까지의 소매 방식과 그 공급방식 전체의 효율이 좋지 않은 것을 의미한다. 그리고 e커머스 기업이 이 시장에 진출하면서 공급방식의 틀을 바꾸면서 대폭적인 가격 인하가 이루어졌다. 이 일로 인하여 대부분의 사람들은 화장품이나 스킨케어 업계가 일반적으로 생각했던 정배율을 뛰어넘어 '폭리'를 취하고 있었다는 사실을 알게 되었다.

e커머스가 중국 소매업계에 준 충격은 미국보다 훨씬 컸다. 그 원인은 중국 유통업계의 효율이 미국보다 현저히 나빴기 때문이다.

어쨌든 이러한 무지막지한 변화의 시대를 맞아, 새로운 도전의 국면에서 과연 어떤 기업이 더 잘 대응할 수 있을까?

그 답은 오직 하나, 보다 고효율로 무장한 기업이다. 그들은 단지 모든 제품이 판매액을 증가시킬 뿐만 아니라, 효율이 떨어지는 기업이 보유하고 있던 유통기반도 빼앗아 버린다. 샤오미(小米科技)든, 알리바바(阿里巴巴集团)든, 진동(京東集团)일지라도, 그 '뉴 리테일'의 모델은 '신테크놀로지'를 구사해 정배율을 낮춰버린다.

모든 사물이 미래를 향해 발전해 간다. 판매 수법도 방법도 비즈니스를 실천하는 중에 최적화되어 항상 앞으로 나아가 최종적으로 '뉴 리테일'로 진화하였다. 그럼, 대체 어떻게 최적화되는 것일까?

본서에서는 3개의 논리에 대해서 설명한다.

나는 그것을 '사람', '물건', '장소'라고 생각한다.

상품이 사람과 물건, 장소의 사이에서 효과적으로 이동하는 방법을 최적화하는 것, 그것이 바로 '뉴 리테일(신유통, 또는 신소매)'이다.

우선 첫 번째 논리는 '매장 효율 혁명'이다.

매장 효율은 매장의 면적 1㎡당 매출액을 가리킨다. 간단히 말하면, 어떤 방법으로든 효율적으로 고객에게 최고의 상품을 제공하여 구매율, 객단가, 재구매율을 상승시키는 것이다.

두 번째 논리는 '데이터 임파워먼트(empowerment)'다. 즉, 정보의 힘으로 효율을 높이는 것을 말한다. 모여진 정보로 온라인과 오프라인의 우열을 비교하고 검토하여, 각각의 이점을 이용하여 판매효율을 올리는 방법을 연구하는 것이다.

세 번째의 논리는 '단락경제'다. 단락경제란 중간의 불필요한 프로세스를 줄임으로써 효율을 높이는 것을 말한다. 정배율이 너무 높은 것은 중간 단계가 많기 때문으로, 기존 유통 모델에서는 총대리점, 일차대리점, 이차대리점 등을 거쳐야만 가까스로 상품이 매장에 진열되었다. 이러한 상황에서는 백화점이 임대한 집을 다시 재임대하는 것처럼 지나치게 많은 프로세스 때문에 효율이 저하된다.

'뉴 리테일'은 보다 고효율적인 유통이다.

2016년 10월에 알리바바의 창업자 마윈과 샤오미의 창업자 레이쥔, 두 사람이 '뉴 리테일'의 개념을 부르짖었다. 이때부터 나는 이 책의 구상을 하기 시작했다.

나 자신의 비즈니스의 효율에 대한 이해를 '뉴 리테일'의 개념과 융합시켜, 새로운 틀을 구축하고 소매유통과 '뉴 리테일', 그리고 비즈니스 로직 연구를 하는 모든 사람에게 도움을 주고 싶었다.

그리고, 극적으로 변화하는 시대 속에서 방향을 잡지 못하고 애태우는 기업가들과 함께 시대의 변화를 파악하고, 자신의 비즈니스 모델 전환이나 이노베이션(innovation)의 방향성을 찾아갈 것이다.

차 례

머릿말 … **4**

1 비즈니스 신시대를 이겨내는 '뉴 리테일'의 본질

제1절 - e커머스의 중대한 위기에서 시작된 리테일 혁명
- ▶뜻밖에 의견이 일치한 마윈, 레이쥔, 류창둥 … **17**
- ▶왕젠린과 마윈의 1억 위안을 건 승부 … **19**
- ▶e커머스는 왜 심각한 위기를 맞았을까? … **21**

제2절 - '뉴 리테일'을 이해하는 열쇠는 유통의 본질에 있다
- ▶유통이란 '사람'과 '물건'을 연결하는 '장소'다 … **25**
- ▶임대료 지불의 본질은 집객 비용 … **27**
- ▶맥주를 기저귀 옆에 진열했더니 판매량이 급증했다 … **32**
- ▶유통의 프로세스를 연구하는 것으로 비용에 대한 인식이 깊어진다 … **33**
- ▶어떤 쇼핑 프로세스에도 잠재되어있는 세 가지 요소 … **37**

제3절 - '뉴 리테일'에 성공한 기업이 왕좌에 오른다
- ▶'사람, 물건, 장소'의 효율을 크게 끌어올리는 신테크놀로지란? … **40**

2 온라인과 오프라인을 융합시키는 '뉴 리테일'

제1절 - 많은 브랜드들이 실천하기 시작한 '제품을 팔지 않는' 오프라인 점포 전략
- ▶일말의 양심도 없다는 비난을 받은 알리바바 행사 … **45**
- ▶정보, 돈, 물류의 세 가지 흐름은 본래 정해진 모양이 없다 … **47**
- ▶오프라인에서 정보를 얻어 온라인으로 결제한다 … **50**
- ▶누가 정보의 비용을 부담해야 하나? … **51**
- ▶점원은 왜 '인터넷에서 구매하세요'라고 말하는가? … **54**

제2절 - 고효율 정보도 유통을 꺾을 수 없다
- ▶타오바오가 중국 최대의 '백화점'으로 변모한 이유 … **59**

▶오프라인 유통이 갖는 '체험'이라는 거대한 가치 … **62**

▶판매 효율을 크게 상승시킨 '온라인과 오프라인의 같은 가격' … **66**

▶데이터를 활용해 '체험'에 '효율'이라는 날개를 달다 … **70**

제3절 - 데이터에 의한 여신력을 임파워먼트로 만든 온라인 결제시스템

▶모바일 결제가 가져온 전에 없던 편리함 … **73**

▶내가 먼저 대금을 지불할 것인가, 네가 먼저 상품을 발송할 것인가 … **75**

▶오프라인 거래는 역시 신용할 만하다 … **76**

▶페이팔과 알리페이의 공헌과 한계 … **77**

▶잔돈심리란 무엇일까? … **79**

▶빅데이터로 새로운 신용을 구축하는 '뉴 리테일' … **83**

▶결제가 빅데이터에 의해 편의성과 신용을 동시에 갖추게 되었다 … **85**

제4절 - 물류를 고속화하고 '뉴 리테일'의 기반을 구축하다

▶집에 있는데 전 세계의 좋은 것들이 당신에게 온다 … **89**

▶기다릴 수 없는 것과 기다릴 수 있는 것 … **91**

▶빅데이터에서 '빠름'과 '가까움'은 같은 곳을 지향한다 … **93**

▶주문에서 배달원이 노크할 때까지 걸린 시간은 불과 7분 … **95**

▶속도를 드론으로 단축하다 … **97**

제5절 - 빅데이터는 오프라인 소매유통의 구원군

▶악화일로의 소매점을 구할 수 있을까? … **100**

▶커뮤니티의 소비자군에 정확히 매칭 … **102**

▶고객 정보 수집처로 무장한 알리바바 … **104**

3 매장효율의 한계를 돌파하는 '뉴 리테일'

제1절 - 네 가지 요소에서 매장 효율을 높이는 방법을 궁리한다

▶매출액을 측정하는 '퍼체스 퍼넬'의 공식 … **109**

▶기업의 진정한 능력을 나타내는 효율 … **111**

▶고객이 있는 곳에 '퍼체스 퍼넬'을 설치하다 … 115

▶커뮤니티의 니즈를 찾아, 구매률을 올리다 … 119

▶객단가를 올리는 것보다 데이터 분석과 사용자 통찰을 한다 … 120

▶재구매율은 고객 로열티를 구현한다 … 124

제2절 - 샤오미의 매장 효율은 어떻게 상승했는가

▶샤오미의 '뉴 리테일' … 128

▶패스트 패션의 장소선정 벤치마크 … 130

▶소비를 저빈도에서 고빈도로 만들 비책 … 131

▶구매하고 싶어지는 히트상품전략 … 133

▶축적한 빅데이터에 따른 머천다이징(MD) … 134

▶객단가를 올리고 싶으면 추가율을 높여라 … 135

▶경험이 객단가를 더 끌어올린다 … 136

▶브랜드 인지도의 강화 … 137

▶전 채널의 일체화로 놀라운 재구매율을 만든다 … 138

제3절 - 오프라인 점포로 무장한 신선식품 EC 사이트

▶신선식품 분야는 오프라인에 비해 온라인이 취약하다 … 141

▶Top-down 설계의 강점 … 143

▶궁극의 체험(UX) 효과 … 147

▶전용 앱 결제 시스템이 노리는 점 … 148

▶3㎞ 이내 30분의 배송 속도 … 151

▶30분 이내 배송은 '허세권(盒区房)'을 만들어냈다 … 154

▶매장 효율 혁명은 완전히 다른 거래구조에서 태어난다 … 156

❹ 불필요한 프로세스를 제거하여 효율을 높이는 '뉴 리테일'

제1절 - 사람과 물건은 반드시 가게에서 만날 필요는 없다

▶이 상품의 서플라이 체인(supply-chain)은 합리적인가? … 161

▶정배율이 높은 원인은 거래 비용 체계 때문이다 … 164

▶비즈니스 모델이란 무엇인가? … **166**

제2절 - 코스트코는 소매유통의 '우등생'
　▶왜 모든 소비자를 고객으로 만들지 않는가? … **168**
　▶회원제가 코스트코를 이끌어간다 … **171**
　▶저가격, 입소문, 회원비가 이익에 공헌하다 … **172**

제3절 - 고정률 1의 기업이 창업 4년 만에 연간 매출액 100억 위안을 달성
　▶미니소(MINISO)의 판매가격은 메이커 출하가격 … **176**
　▶황금 지역에 있는 작은 비즈니스 … **177**
　▶개인이 투자하고 관리는 본사에서 … **179**
　▶티끌 모아 태산을 만든 규모의 효과 … **180**

제4절 - 중개 서비스를 효율화하여 모두 이익을 얻는다
　▶중고품 거래 시장은 보물더미 … **182**
　▶시엔위의 특징은 커뮤니티에서 환영받은 C2C 모델 … **183**
　▶시엔위는 알리바바의 세 번째 1조 위안급 플랫폼이 될 것이다 … **186**

제5절 - 상품은 서비스를 실현하기 위한 중간 과정일 뿐이다
　▶서플라이 체인과 작은 판매점은 임파워먼트 관계 … **191**
　▶소매점은 '현대 무기'로 무장하고 스마트숍으로 업그레이드 … **194**
　▶모든 소규모 점포들이 임파워먼트를 기다리고 있다 … **196**

제6절 - 서플라이 체인의 역행 모델로 고품질, 저가 노선으로
　▶제조사가 고객의 필요에 따라 생산하게 되면 재고는 없어질까? … **198**
　▶하이얼 공장 안에 조명을 달 필요가 없는 '무등화 공장' … **202**
　▶재고문제를 해결한 것은 오더 메이드가 아닌 리버스 … **205**
　▶의류업계의 재고 문제는 유통업계 전체의 보틀 넥 … **209**
　▶15년간의 실험은 인기 절정의 결실을 맺었다 … **211**

5 '뉴 리테일'은 지금 이 순간에도 진화하고 있다

제1절 - 변혁시대의 사고 모델
- ▶중소기업이 다시 태어나고 대기업이 자각하는 시대 … 217
- ▶변혁의 시대의 사고(思考) 모델, 첫째 '진화 사상' … 218
- ▶변혁의 시대의 사고(思考) 모델, 둘째 '본질 사상' … 222
- ▶변혁의 시대의 사고(思考) 모델, 셋째 '시스템 사상' … 225

제2절 - '뉴 리테일'의 미래를 예측하다
- ▶제조사 대표인가, 사용자 대표인가 … 231
- ▶비싼 물건을 팔 것인가, 올바른 물건을 팔 것인가 … 233
- ▶매출총이익이 아닌 회원비를 벌다, 코스트코 … 234
- ▶리스팅 광고로 광고비를 걷다, 알리바바 … 235
- ▶플랫폼을 제공하여 판매수수료를 징수한다, 아마존 … 238
- ▶정보 비용을 지불하는 것은 새로운 동향이 될 것인가? … 240
- ▶무인 비즈니스 모델은 단명할 것인가 … 248
- ▶늘리지 않을 수 없는 신용 비용 … 251
- ▶무인 슈퍼마켓은 뉴 리테일인가 … 255
- ▶상상력을 발휘하지 않으면 트래픽은 획득할 수 없다 … 256

글을 마치며 … 262

제1장

비즈니스 신시대를 이겨내는
'뉴 리테일'의 본질

'뉴 리테일'(신유통)이란 신기한 말이다.

유통에 신유통과 구유통이 존재하는가? 애초에 신, 구로 나눌 필요가 있는가?

'소비자에게 최고의 상품이나 서비스를 제공한다'라고 하는 유통의 본질은, 지금까지 변한 것이 없었다는 말인가?

e커머스는 '뉴 리테일'인가?

마윈조차 백화점 체인의 인타임(은태백화점), 대형마트에서 대만계 RT마트(대윤발), 프랑스계 오션(구우샹)에 투자했듯이, 유통업은 한바탕 소동이 끝난 지금 본질로 회귀하기 시작한 것은 아닌가?

무인 편의점은 문을 닫기 시작한 것 아닌가?

무인 점포(무인 셀프)는 쓰러지기 시작한 것은 아닌가?

결국 '뉴 리테일'이란 대체 무엇인가?

e커머스의 중대한 위기에서 비롯된 리테일 혁명

▶뜻밖에 의견이 일치한 마윈, 레이쥔, 류창둥

2016년 10월 13일, 항저우시에서 개최된 알리바바 그룹의 축제인 윈치대회, 컴퓨팅 컨퍼런스(The Computing Conference)의 오프닝 세리머니로, 알리바바 그룹 회장 마윈이 '신유통(뉴 리테일), 신제조, 신금융, 신테크놀로지, 신에너지'의 '5신(新)' 개념을 발표했다.

마윈은 이렇게 말했다.

"오늘까지 e커머스는 발전을 거듭해 왔지만, 순수한 e커머스 시대는 곧 끝날 것이다. 향후 10년, 20년 내에 순수한 e커머스는 소멸하고 '뉴 리테일'의 시대가 될 것이다. 온라인과 오프라인의 물류가 결합함으로써 진정한 '뉴 리테일'이 탄생한다. 오프라인 기업은 반드시 온라인 영역에 발을 들여놓을 것이고 온라인 업체들도 오프라인에 참여한다. 온라인과 오프라인이 합쳐져서 현대 물류와 융합하는 것으로, 진정한 '뉴 리테일'을 창출하는 것이다."

'순수한 e커머스가 소멸된 미래에는 뉴 리테일 밖에 없다'는 그의 한마디로 '뉴 리테일'이라는 개념이 정식으로 탄생하면서 순식간에 모두에게 퍼져 나갔다.

마윈이 먼저 제창한 '뉴 리테일'의 개념에 대해 샤오미의 회장 레이쥔은 다소 기분이 상한 모습이었다.

다른 4개의 새로운 개념(신제조, 신금융, 신테크놀로지, 신에너지)은 마윈이 오리지널이지만, '뉴 리테일'의 개념은 자신이 먼저 꺼냈다는 것이다.

레이쥔은 CCTV-2(중국 중앙 방송의 경제 채널)와의 인터뷰에서 이렇게 말했다.

"우리의 마케팅부가 검증한 바에 따르면 전국에서 처음으로 '뉴 리테일'을 말한 것은 나다. 내가 오전 중에 이야기하고, 오후에 마윈이 다른 장소에서 말했다. 우리는 같은 날 '뉴 리테일'을 얘기했지만 내가 먼저 얘기한 것이다."

알리바바의 컴퓨팅 컨퍼런스가 열린 같은 날, 중국 쓰촨에서 개최된 '전자상거래 개발 정상회의(E-commerce Development Summit)'에서 레이쥔은 확실히 '뉴 리테일'의 개념을 이야기했다.

그는 인터넷 환경을 이용해서 온라인과 오프라인을 결합한 새로운 업태를 하고 싶다며, 그 본질은 유통의 효율을 개선해 대중의 소비요구를 충족시키는 데 있다고 말했다.

또, '세계의 일류 리테일 그룹'이라고 기대하는 오프라인 점포, 미스토어(mestore)는 이미 2015년부터 '뉴 리테일'을 실천하고 있다. 2016년에는 1점포당 평균 연간 매출액이 1억 위안을 달성하고 매장 효율은 중국 국내 동종 업계의 20배에 달했다.

어쨌든 '뉴 리테일'의 개념을 누가 먼저 말했는지는 차치하고, 아마 '뉴 리테일'에게 생일이 있다고 한다면 2016년 10월 13일이 될 것이다.

징둥그룹의 창업자 류창둥도 바로 알아차리고 '제4차 리테일 혁명'

이라는 컨셉을 내세웠다.

그는 지금까지 유통업에는 백화점, 체인스토어, 슈퍼마켓이란 '세 번의 혁명이 있었다'며 이렇게 말했다.

"지금 우리는 네 번째 리테일 혁명의 와중에 있다. e커머스의 기반 위에서 하는 것이지만, 인터넷의 제1차 혁명을 초월하고 인류를 스마트 비즈니스의 시대로 이끄는 혁명이다."

그는 자신의 '뉴 리테일' 전략을 '보더리스 리테일(무경계 유통)'이라고 부른다.

유통업계의 톱 3가 나란히 뉴 리테일(혹은 보더리스 리테일)의 개념을 말하자, 비즈니스계 전체, 특히 e커머스와 종래의 유통업계에서는 모두가 '뉴 리테일'을 화제로 삼아 큰 관심을 보였다.

왜 '뉴 리테일'이 그렇게 관심을 끌까?

그것은 지금까지 기세등등하게 발전해 어디에서든 적이 없을 것 같던 e커머스가, 전에 없는 어려운 시련을 맞이하고 있기 때문이다.

▶왕젠린과 마윈의 1억 위안을 건 승부

2012년 'CCTV(중국중앙방송) 중국 올해의 경제인물'의 시상식에서 마윈과 완다그룹의 창업자, 왕젠린이 동시에 수상했다. 무대 위에서 왕젠린은 말했다.

"중국의 e커머스에서는 마윈씨만 돈을 벌고 있고, 95% 이상의 시장 점유율을 차지하고 있다. 그는 정말로 대단하다. 하지만 나는 e커머스의 등장으로 종래의 유통업이 소멸한다고는 생각하지 않는다."

반면 마윈는 이렇게 답했다

"우선 왕젠린씨와 같은 종래형 유통업의 경영자에게 좋은 뉴스를 전합니다. e커머스는 기존 유통업계를 완전히 대체하는 것은 불가능합니다. 그리고 나쁜 소식도 하나 있군요. e커머스는 거의 당신들을 대신할 겁니다."

왕젠린은 반격했다.

"2022년, 즉 10년 후의 중국 유통 시장에서 만약 e커머스가 전 유통 시장의 50%의 점유율을 획득하면 나는 그에게 1억 위안을 주겠다. 만약 그러지 못하면 나에게 1억 위안을 내라."

이것이 당시 화제를 불러일으킨, '1억 위안 내기' 사건이다.

1억 위안을 건 승부! 도대체 누가 이기고 누가 지는 걸까?

'1억 위안 내기' 당시, e커머스의 발전은 매우 빠른 기세로 인터넷이라는 효율적인 어드밴티지로 유통업계를 석권하기 시작했다.

백화점, 체인스토어, 슈퍼마켓과 같은 과거 세 차례의 리테일 혁명이 가져온 비즈니스 모델의 이노베이션(Innovation)은 인터넷 앞에서 패배했고, 고객이 넘쳐나던 오프라인 점포는 나날이 고객이 줄어 한산해지고 있었다.

사람들은 왕젠린을 걱정하기 시작했다. 그러나 2015년이 되면서 힘차게 발전했던 e커머스도 점차 심각한 문제가 나타나기 시작했다. e커머스 사용자 수의 증가속도가 현저하게 떨어지기 시작한 것이다.

▶e커머스는 왜 심각한 위기를 맞았을까?

일급, 혹은 이급 도시, 특히 북경, 상하이, 선전, 항저우 사용자들의 구매방식은 e커머스에 지배된 것처럼 보였다. 그러나 중국은 베이징, 상하이, 선전, 항저우 외에도 넓으며, 젊은이와 스마트폰 의존증을 가진 사람들만 사는 것도 아니다.

냉정하게 데이터를 분석해 보면, 현재까지의 e커머스 판매액은 중국 사회 소비재 판매액의 불과 15%에 불과하고 점유율이 높은 카테고리라 하더라도 기껏해야 20% 정도인 것을 알 수 있다.

이 비율은 지금도 계속 증가하는가? 그 대답은 YES다. 그러나 그 증가속도는 확실히 떨어지고 있다.

요컨대, e커머스를 순조롭게 받아들일 수 있는 사람들은 이미 e커머스를 이용하여 인터넷 쇼핑을 하고 있다. 나머지 80~90%의 사람들은 아직 e커머스를 이용하고 있지 않은데, 그 원인은 습관이나 거주지역, 연령 등의 요인으로, 그들에게 인터넷 쇼핑을 시키는 것은 상당한 장기적인 시간이 필요할 것이다.

동시에, 인터넷의 큰 영향력을 인식한 기업의 대다수가 신속히 오프라인에서 온라인으로 전환하여, EC[01]사이트나 소셜 미디어와 e커머스를 조합한 소셜커머스, 컨텐츠 마케팅과 e커머스를 융합시킨 컨텐츠 커머스를 통해서 유통의 변혁을 시도했다.

---

01) EC(electronic commerce): 전자 상거래(컴퓨터를 이용한 거래 형태).

대표적인 전자상거래 사이트로서 타오바오(Taobao.com), T몰(Tmall. com), 진동(JD.com) 등이 유명하다.

소셜커머스에서는 중국 최대의 소셜미디어, 위챗(WeChat)을 이용해 사고파는 웨이션(Weishang)이라는 비즈니스 모델과, 위챗 내의 모바일 샵인 웨이디엔(We Chat Shop), 위챗을 비롯한 SNS를 통한 구매대행을 꼽을 수 있다.

컨텐츠 커머스에서는 위챗의 퍼블릭 어카운트, IP(지적 재산)의 프로덕트 플레이스먼트(product placement), 라이브 커머스 등을 들 수 있다.

유저 수의 증가속도가 떨어지고 있음에도 불구하고, e커머스 기업은 급속히 증가하고 있다. 판매자 수가 구매자 수보다 훨씬 빠르게 증가하고 있는 것이다. 이로 인해 e커머스가 잠재적인 고객을 획득하는 코스트, 이른바 '트래픽 획득 코스트'(집객 비용)는 점점 높아져, 인터넷 비즈니스는 난국을 맞았다.

인터넷에 의한 트래픽(접속 수)의 보너스(인터넷의 이용자 유입증가에 따라 자연스럽게 증가하는 트래픽)가 순식간에 사라져 버린 것이다.

원래 인터넷이란, 유통의 만병통치약도 즉효약도 아니다. 본래 인터넷 쇼핑은 한두 세대에 걸쳐서 그 목표를 실현했어야 했다. 또 인터넷 쇼핑은 필연적으로 싸게 구입할 수 있다는 것을 의미하는 것도 아니었다. 어쨌거나 기세 좋게 발전해 온 e커머스가 이런저런 이유로 중대한 위기에 빠지게 되었다.

실은 2015년, 이러한 조짐은 이미 나타나기 시작했다. 본서를 집필하면서 레이쿤과 나눈 인터뷰에서 그는 "당시 우리가 저지른 가장 큰 실수는, 오프라인을 너무 무시한 것이다"라고 말했다.

알리바바와 샤오미, 진동그룹 등이 모두 e커머스의 성장세가 더뎌지는 것에 부담을 느끼기 시작했다. 어떻게 하면 좋을까?

대체 어디에 가면 새 트래픽을 싼 가격으로 획득할 수 있을까?

이때의 고민으로 여전히 기존 유통의 80~90%를 차지하는 오프라인 시장이 저절로 e커머스가 가야 할 목적지가 되었다.

그들은 어떻게 오프라인 시장에 진출할까? 클라우드에서 지상으로 낙하산 부대를 공중 투하하고, 최첨단의 장비를 몸에 두르고 기존의 유통 시장으로 쳐들어가는, 바로 이것이 '뉴 리테일'인 것이다.

알리바바, 샤오미, 진동 및 그 전쟁에 참가하는 기업들은 전술은 다를지언정 전략은 예외 없이 똑같다. 인터넷 트래픽 위기가 일으킨 '뉴 리테일'의 변혁은 이렇게 시작되었다.

알리바바는 기존 유통기업(오션, RT마트 등)에 투자하고 정식으로 S2B[02] 모델을 출시했다.

T몰의 영세 점포 계획과 T몰스토어를 시작으로 그들은 뉴 리테일의 프로젝트 제1호가 된 신선 슈퍼 후마셴성(盒馬鮮生)을 오픈했다.

온라인과 오프라인을 융합시킨 이 무인 슈퍼는 눈 깜짝할 새에 인기를 얻었다.

---

02) S2B(Supply to Business): 소규모 유통기업에 서플라이 체인(supply-chain)의 원스톱 서비스를 제공하는 것.

같은 시기, 온라인에만 능수능란하다고 알려진 데이뤈까지 오프라인 시장에 진출해 20개월 만에 오프라인 점포, 미스토어 240개를 열고 3년 이내에 1,000점포를 개점한다는 '작은 목표(?)'를 세웠다.

진동 또한, 알리바바가 '뉴 리테일'을 내세우자 '보더리스 리테일(무경계 유통)'를 내걸고, 'T몰스토어'를 오픈하자 '진동편의점'을 오픈하고, '후마프레쉬'를 오픈하면 '세븐프레쉬(오프라인 신선식품 슈퍼)'를 오픈하는 등, 항상 알리바바에 대항하고 있다.

뉴 리테일의 전장에는 알리바바, 샤오미, 진동의 3개 부대 외에도 '무인 편의점', '무인 가게', '팝업스토어' 등 무수히 많은 기업이 '뉴 리테일' 컨셉을 내걸고 무더기로 출현하여, 전쟁터는 하루아침에 콩나물시루처럼 빽빽해졌다.

오프라인으로 회귀하는 것이 '뉴 리테일'인가?

무인 슈퍼가 '뉴 리테일'의 기치를 내세울 것인가?

다시 한번, 첫 번째 문제로 돌아가 보자.

'뉴 리테일'이란 도대체 무엇일까?

제2절
'뉴 리테일'을 이해하는 열쇠는 유통의 본질에 있다

▶유통이란 '사람'과 '물건'을 연결하는 '장소'다

유통이란 무엇인가? 유통이란, 일련의 비즈니스 모델의 총칭으로 어떤 방식의 '거래구조'를 통해서 소비자와 상품의 결합을 가져온다. 상품은 소비자에게 판매되고, 판매자는 매출을 올린다. 다시 말해 소비자는 돈을 주고 상품을 손에 넣는다.

알리바바는 **유통이란 최종적으로 대금을 지불하는 사람**(소비자)**과 물건**(상품)**을 연결하는 장소**라고 설명한다. 여기서 말하는 '장소'란 물리적인 점포이기도 하고, 콜센터, 혹은 방문판매라면 고객을 방문하는 그 어떤 곳이기도 하다.

많은 비즈니스 모델은 유통으로 볼 수 있다. 오프라인 의류점이나 슈퍼는 물론, 숫돌을 한 손에 들고 거리에서 호객행위를 하는 칼을 갈아주는 이도 마찬가지다. 혹은 보험회사 콜센터가 끊임없이 고객에게 전화를 걸어 상품을 권하는 것도 유통의 일종으로 볼 수 있다.

이처럼 유통은 하나의 커넥터이며, 장면이고, 소비자가 상품을 찾는 데 도움을 주고 상품이 소비자를 만나도록 도와주는 것이다.

이러한 관점에서 가전을 제조하는 하이얼(Haier)사와 가전 양판점의 쑤닝전자(蘇寧電器)는 어느 쪽이 유통기업인가? 분명한 것은 하이얼이 냉장고를 생산·제조하고, 쑤닝전자가 그것을 소비자에게 판매하고 있다는 것이다. 쑤닝전자의 점포는 소비자와 하이얼의 냉장고를 연결시키는 '장소'이므로 쑤닝전자가 유통기업이 된다.

1837년에 창업한 미국 P&G[03]는 세계 최대 소비재 제조사로, 300종 이상의 브랜드를 소유하고 160곳 이상의 나라나 지역에서 매출 호조를 보이고 있다. 그들은 자신을 유통 브랜드 기업이라고 강조하는데 정말 그럴까?

실은 그렇지 않다. P&G의 상품은 확실히 일반인들을 대상으로 하

[표 1-1] 소매는 제품 공급망의 가장 최종 과정이다. 그 공급망의 시작은 모두 물건 가치를 높이는 공급자 기업이고 마지막은 고객, 즉 소비자가 된다.

---

03) P&G(Procter & Gamble) : 비누와 양초 판매를 시작으로 탄생한 P&G는 세계 최대 생활용품 제조업체다. 수많은 글로벌 브랜드를 소유하고 있다. 샴푸, 세제, 섬유 탈취제, 칫솔, 기저귀 등의 생활용품이 P&G가 보유한 대표적 브랜드들이다.

지만, 그들은 유통기업이 아니다. P&G가 생산하는 상품, 예를 들어 샴푸나 세제는 모두 슈퍼라는 '장소'를 통해 소비자에게 판매된다. 그러니까, 진짜 의미로 유통은 하는 것은 이들 매장이며 P&G 자체가 아니다. P&G는 유통용 상품을 생산하지만 자신들이 유통은 하는 것은 아닌 것이다.

유통의 본질은, '사람(소비자)'과 '물건(상품)'을 연결하는 '장소'이다.

테크놀로지나 비즈니스 모델이 수도 없이 변혁을 거듭해도, 유통의 기본 요소는 '사람', '물건', '장소' 단 세 가지뿐이다. '사람', '물건', '장소'야말로 유통의 영구적인 개념이다. 유통에 대한 연구를 한다면 동시에 '사람', '물건', '장소'의 3요소에 대해서 연구하는 것이 필수적이다.

▶ 임대료 지불의 본질은 집객 비용

우선 사람을 이해해보자.

대형 아파트 단지에는 대형 쇼핑센터가 있다. 이 쇼핑센터는 모든 상품의 회사들에게 공간과 인프라를 제공하고 다양한 형태의 임대료를 받는다. 매출액의 몇%든, 일정비용이든, 방법은 다양하다.

왜 세입자들이 쇼핑센터에 집세를 내야 할까?

집세의 본질이나 로직은 무엇일까?

왜 유동인구(사람의 흐름)가 많은 곳일수록 집세가 높고, 인기가 있을까?

쇼핑센터가 세입자에게서 임대료를 받는 것은 세입자를 위해 고객

을 유지하기 때문인데, 이 방문객을 많이 오게 하는 것이 핵심적인 가치를 갖는다. 즉, 집세의 본질은 쇼핑센터가 손님을 오게 하는 것을 가격으로 환산하여 세입자에게 판매하는 것이다. 세입자 측에서 보자면 집세의 본질은 '집객 비용'이 되는 것이다.

그렇다면, 이 '집객 비용'은 어떻게 계산하는가?

예를 들어보자. 만일 한 세입자의 집세가 월 20만원으로, 매달 2,000명이 찾아오는 가게라고 하자. 손님 한 명 당 얼마나 들었는지를 계산하면 20만원÷2000명=100원/명, 이 세입자의 집객 비용은 한 명 당, 100원이 된다.

그렇다면 이 세입자의 주인은 손님 개개인으로부터 최소한 100원, 혹은 200원, 심지어 500원의 이익을 얻으려 할까, 아닐까? 그는 반드시 그렇게 생각할 것이다. 그렇지 않으면, 임대료를 상회하는 이익을 내지 못하고 세입자는 폐점을 할 수밖에 없다. 그런데 이 쇼핑센터 방문객 수가 어떤 이유로든 대폭 감소하여 월 방문객 수가 2,000명에서 1,000명으로 줄었다고 가정하자.

손님 수가 절반이 되었지만, 임대료는 변함없이 20만원이다. 그렇다면 고객 한 명당 비용, 이른바 집객 비용은 100원/명에서 200원/명으로 오른다. 만약 가게를 인터넷 공간으로 옮긴다 해도, 집객 비용을 지불할 필요가 있을까?

물론이다. 예를 들면 타오바오, 아니면 T몰에 새롭게 인터넷 샵을 오픈한다고 가정해보자. 이제 막 오픈한 쇼핑몰에는 아무도 접속해

주지 않는다. 그럴 때는 클릭 과금형 리스팅 광고인 '타오바오 직통차[04]'를 이용하여 상품 타깃 프로모션을 할 수 있다.

　사용자는 단 한 번의 클릭으로 당신의 인터넷 샵에 접속할 수 있고, 이것은 오프라인 점포에 고객 한 명이 다녀간 것과 같은 효과를 가진다. 클릭 수로 과금되는 이 시스템은 오프라인 점포의 방문객 수에 의해서 변동하는 방문 비용에 상당하며 즉, 양쪽 모두 집객 비용으로 볼 수 있다.

　알리바바의 비지니스 로직은 플랫폼이 인터넷 샵의 '고객유치' 역할을 한다는 것이다. 한 명의 고객은 하나의 집객량으로, 세입자는 사용자가 인터넷 쇼핑몰에 접속하는 것만으로도 알리바바에 집객 비용을 지불한다.

　오프라인 상업시설의 로직도 유사하지만 방법은 다르다.

　왜 중국 각지에 있는 '만완다 프라자'의 광장은 모두 월마트를 유치하는 걸까? '만완다 프라자'에 입점한 월마트의 매장 면적은 아주 넓은데도 불구하고, 다른 브랜드의 임대료와 비교하여 싼 이유는 무엇일까? 월마트가 '만완다 프라자' 광장으로 사람들을 끌어들이기 때문이다.

　월마트에 대규모의 소비자가 모이면, '만완다 프라자'에는 많은 핫

---

04) 타오바오 직통차(直通⊠) : 알리바바와 야후 차이나에서 공동으로 개발한 상품 노출 광고시스템. 소비자에게는 맞춤형 상품 검색 서비스를 제공하고, 판매자에게는 상품을 광고할 수 있도록 만들었다. 일종의 '키워드 검색 광고시스템'이다. 소비자가 클릭하면 돈이 빠져나가는 마케팅 방식(PPC: pat per click)으로 판매자에게는 정확하게 상품을 홍보할 수 있는 수단이다.

플레이스가 생기고, 그 덕분에 쥬얼리 샵이니 고급 시계점, 유명브랜드 어패럴 샵 등에 비싼 임대료를 받고 가게를 빌려줄 수 있게 된다.

월마트는 '만완다 프라자' 광장의 방문고객 수의 증가에 공헌하고, 쥬얼리 샵은 그 방문고객이 매출을 올려주는 것에 만족하게 되는 것이다. 결국, 만완다 프라자의 광장이든 알리바바든, 누가 어떤 도박을 하든 누가 이기고 지든 간에, 본질은 '방문고객의 수를 확보해, 상품을 판매한다'라고 하는 비즈니스 모델이 되는 것이다.

'만완다 프라자'의 광장을 오프라인의 상업 시설이라고 부른다면 알리바바는 인터넷 상업 시설이고, 알리바바를 '온라인 유저들의 방문객 경제(트래픽 이코노미)'라고 부른다면, 만완다 광장은 '오프라인 사람들의 방문객 경제'다. 결국, 양 사의 비즈니스 본질은 완전히 같은 것이다. 다시 말해, '사람'을 연구하는 것은 '방문객의 흐름에 따른 경제'를 연구하는 것이다.

이 연구를 진행할 때 구체적으로 어떠한 문제를 검토할 필요가 있을까? 그것은, '구매 퍼널 공식[05]'으로 나타낼 수 있다(표 1-2 참조).

매출액=방문객 수(트래픽)×구매율×객단가×재구매율

만약 당신이 옷가게, 혹은 편의점이나 야채가게를 오픈한다면 어떤 생각으로 장소를 골라야 할까? 얼마나 많은 사람이 당신 가게 앞을 지나갈까?

---

05) 구매퍼널 공식: 퍼처스 퍼널(purchase panel)이라고도 하며, 방문한 고객이 구매에 이르기까지의 의식을 수치화하는 것.

인터넷 용어로는 이들을 '트래픽'이라고 부르고, 오프라인에서는 '고객의 방문'이라고 부른다. 실은 어디에 가게를 오픈하든지 간에, 본질은 그 장소에서의 자연스러운 고객의 방문율을 획득해야 한다는 것이다.

손님 한 명이 당신네 가게로 들어와 가게 안을 돌아보다 아무것도 사지 않고 떠났다면 당신은 실망할 것이다. 왜냐하면 발생한 '집객 코스트'를 매상고로 전환할 수 없었기 때문이다.

당신은 손님 100명 중 30명 정도는 상품을 구입할 것이라고 생각한다. 인터넷 용어로는 이를 '컨버전율(CVR)'이라고 하고 오프라인에서는 '구매율'이라고 한다. 이 두 단어의 본질은 똑같다.

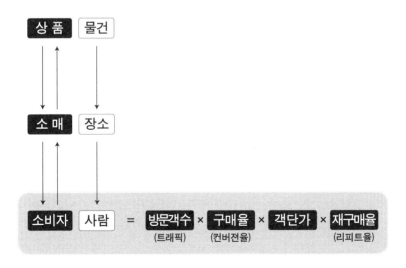

[표 1-2] 오프라인 매장, 방문판매, 전화 권유 판매, 학교앞 근처의 노점판매도 포함된다. 모든 소매 형태는 최종적으로 '퍼처스 퍼널(Purchase Funnel)'공식에 맞춘다.

▶ 맥주를 기서귀 옆에 진열했더니 판매량이 급증했나

그렇다면 어떻게 판매율을 높일 수 있을까? 오프라인에서의 기존 방법들은 상품의 진열이나 점포의 인테리어, 점포안내(샵 가이드) 및 각종 세일즈 프로모션 등을 활용하여 판매율을 올리려고 한다.

상품 진열에 관한 경우를 소개하면, 월마트에서는 맥주가 기저귀 옆에 진열되어 있다.

월마트는 정기적으로 상품 판매상황을 통계로 집계하여 모니터링을 하고 있는데, 어느 날 흥미로운 현상이 벌어지고 있음을 발견했다. 주말마다 맥주와 종이 기저귀의 판매가 상승한 것이다.

이에 대해 직원들이 매장의 상황을 살피고 방문고객을 인터뷰하는 등, 여러 가지 방법으로 추적하고 연구하여 그 원인이 밝혀졌다.

미국의 아이를 가진 가정에서 남편은 일하고 돌아가는 길에, 아이의 기저귀를 사 오라는 아내의 부탁을 자주 받는다. 남편은 기저귀를 찾아 장바구니에 담고, 이왕 마트에 들른 김에 '아, 오늘은 주말이지. 한잔해도 되는군?'하며 본인이 좋아하는 맥주를 함께 사 가는 경우가 많아서 주말에 기저귀와 맥주의 판매량이 증가한 것이다.

원인이 파악되자 월마트는 기존의 상식을 깨고 맥주와 기저귀를 같은 매대에 진열했다. 그 결과, 맥주와 기저귀의 판매량은 급증하여 상당히 많은 이익을 가져왔다. 월마트의 전략은 구매율을 올리면서 자연스레 객단가도 함께 상승시킨 것이다.

'리피트율'이란 '재구입율'을 말한다. 이 손님은 우리 가게에 다시 찾아줄 것인가?

만약 이 손님이 어떤 상품을 특별히 좋아한다면, 이 제품의 신상품이 들어왔을 때 당연히 사러 올 것이고, 아마, 주위의 친구들에게도 권할 것이다. 이때 상점들은 재구매 고객을 얻게 된 것이며, 오프라인에선 이들을 단골고객, 온라인에서는 '리피터'라고 부른다.

'사람'의 시점에서 보면, 유통이란 사람의 흐름(트래픽), 구매율(컨버전율), 객단가, 재구매율(리피터율), 이 네 가지의 조합임이 틀림없다.

▶유통의 프로세스를 연구하는 것으로 비용에 대한 인식이 깊어진다

'사람'에 대해 생각하는 것도 재미있지만 '물건'에 대해 생각하는 것도 꽤 흥미롭다.

판매, 또는 구매는 '상품 서플라이 체인(supply-chain)'의 마지막 프로세스이다. 유통의 상류에 있는 서플라이어(supplier) 모두가 상품 가치를 증폭시키고, 서플라이 체인의 최종 고객은 소비자가 된다. 여기서 언급하는 '상품의 서플라이 체인'이란 무엇인가?

생각해보자. 어떤 상품이 디자인부터 시작되어 생산되고 소비시장에 판매될 때까지의 모든 과정을 D-M-S-B-b-C로 표현할 수 있다. (표 1- 3 참조).

D=Design(디자인) 상품을 디자인, 설계하는 프로세스.

M=Manufacture(메이커): 상품의 제조, 공장이라고도 한다.

S=Supply Chain(서플라이 체인): 일반적으로는 총대리점, 지역대리점, 도매업자, 소

배섬 등의 메커니즘를 가리킨다.

B=Business(상업시설): 쇼핑센터, 슈퍼마켓, 체인점 등을 가리키다.

b=business(상점): 작은 가게, 노점, 방문판매 등의 개인판매를 가리킨다.

C=Consumer(소비자): 최종 고객

이 D-M-S-B-b-C의 서플라이 체인에 있어서, 모든 단계는 각각의 역할을 수행하고 있다.

가죽구두를 예로 들자면, 디자이너(D)는 시장의 유행, 인체구조과 패션을 연구해 한 켤레의 가죽 구두를 디자인한다. 그리고 그 디자인을 제조사에 제공한다.

메이커(M)는 구두의 금형을 만들고, 원재료나 설비를 구입하고 사

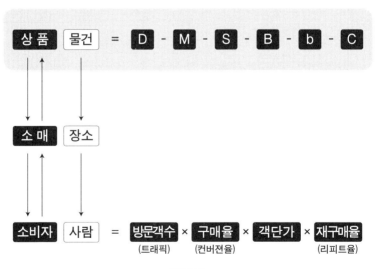

[표 1-3]

람을 고용해 구두를 제조한다.

서플라이 체인(S)은 총판, 혹은 각 지역대리점이라고 하는 물류를 거쳐 그 구두는 전국으로 퍼지고, 매장에 진열된다.

쇼핑몰이나 체인점(B)에 진열되어 있거나 소매점(b) 혹은 SNS 등에 사진으로 공유되며 소비자들의 눈에 띈다. 그리고 마지막으로 소비자(C)가 주문, 구매한다.

상품 서플라이 체인 전체 안에서 각 프로세스는 독자적인 가치를 가지게 되며 이를 통해 각자는 이익을 얻게 된다. 일반적으로 'D-M'의 구두를 제조하는 프로세스는 '가치형성' 단계라 하며, 'S-B-b'의 구두를 판매하는 프로세스를 '가치전달' 단계라고 한다.

가치형성 단계에서의 비용, 제조비용은 구두의 가죽과 부자재, 신발끈 및 디자이너와 근로자의 급여 등이다.

가치전달 단계에서의 비용은 대리점이나 도매업자, 소매점을 거치는 과정에서 생기는 물류비용, 재고관리비용, 판매비용 등이다.

'물건'의 시점에서 보면, 한 켤레 구두의 제조 비용과 거래 비용의 관계는 어떤 것일까?

인터넷 시대가 오기 전까지 일반적인 구두 한 켤레의 제조비용이 100원인 구두에는 거래비용 900원을 얹은 1,000원이 소비자 판매가격으로 책정되었다.

과장이 심하다고 생각할 수도 있겠지만, 정말 그렇다. 나의 저서 '전통기업, 인터넷을 만나다(To Traditional Companies: Internet is Coming to You)'

에서는 어떤 하나의 개념, '정배율'에 대해 소개하고 있다.

소비자는 상품 코스트의 몇 배의 금액을 지불하고 있을까?

이 가죽 구두의 경우는 1,000원÷100원=10으로, 상품 제조비용의 10배를 지불하는 셈이 된다.

그래서 고대에서는 누가 보더라도 100위안짜리 상품을 1,000위안으로 판매하는 상인(대리업자, 도매업자, 소매업자)을 나쁘다고 생각했다. 원재료 값에 비해서 판매가가 너무 높다고 생각한 것이다. 심지어 1950~80년대의 중국에서는 '투기활동죄'라는 죄목이 있을 정도였다.

그러나 시장 경제를 이해함에 따라 거래비용은 결코 줄일 수 없는 부분이라는 것을 모두가 알게 되었다. 10배의 가격이 합리적이라는 것을 인정한 것이다.

거래비용이 합리적이지 않으면 비즈니스 사회는 성립하지 못한다.

그러면서 그와 동시에, 얼마나 상품 공급망(supply-chain)을 최적화해, 거래비용을 낮출 수 있을지에 대한 연구가 시작되었다.

'물건'의 시점에서 보면 유통이란 D-M-S-B-b-C의 프로세스에 대한 연구다. 어떻게 하면 물류의 속도를 보다 빨리하거나, 재고 규모를 축소하고, 생산 판매 사이클을 단축할지를 검토하여 그것에 따라 거래비용을 줄일 수 있다. 거래비용이 줄어들면 자연히 상품 가격은 낮아지고 손님들의 활발한 구매로 다른 경쟁자에 비해서 더 많은 매출을 올릴 수 있는 것이다.

▶어떤 쇼핑 프로세스에도 잠재되어있는 세 가지 요소

'사람'과 '물건'을 이해할 수 있다면 다음은 '장소'다. 유통은 어떻게 '장소'를 이용해서 양자를 연결할 것인가?

사실은 '유통'으로 불리는 모든 '장소'에는 3가지 요소가 존재한다.

정보, 돈, 물류, 이 세 가지로, '사람'과 '물건' 사이에서 마치 물이나 전기처럼 끊임없이 유동적으로 서로 연결하고 있는데 이것은 그 어떤 쇼핑의 프로세스에도 숨어 있다.

이것은 무슨 뜻인가?

가장 간단한 예를 들어보자. 오늘은 셔츠를 사려고 쇼핑센터에 간다. 쇼핑센터에 도착하자 예쁜 셔츠들이 많았다. 무심코 근처에 걸린 셔츠를 만져보니 소재가 매우 마음에 들었다. 가격표를 보니 그렇게 비싸지도 않고 살 만하다. 그래서 점원에게 "입어봐도 될까요?"라고 묻는다. 이 흐름 속에서 당신은 무엇을 얻었을까?

당신은 '정보'를 얻은 것이다.

옷 색, 소재, 디자인, 가격, 그리고 자기 자신에게 맞는지 등등. 이것들은 모두 당신의 구매를 좌우하는 정보가 된다. 정보는 판매자가 소비자에게 제공하는, 소비자가 구입 결정을 내리는 데 도움이 되는 하나의 자원이다. 그리고, 당신은 점원에게 "이것을 주세요"라고 말하고, 점원이 포장을 하는 사이, 계산대로 가서 지불을 한다.

이 과정에서 당신이 만든 것은 무엇일까?

당신은 현금의 흐름을 만든 것이다.

계산이 끝나고 나니 셔츠는 이미 종이봉투에 포장이 되어있다. 당신은 종이봉투를 들고 가게를 나선다.

이것은 무엇일까? 바로 '물류'다. (표 1- 4참조).

어떤 유통 행위나 유통 형태라 하더라도, 그것이 쇼핑센터의 매장에서 일어나는 것이든, 타오바오 인터넷 쇼핑몰에서 일어나는 것이든, 단계별로 나누어 보면 거기에 남는 것은 정보, 돈, 물류, 세 가지 요소이다.

다만, 오프라인의 유통시대에서는 사람들은 구조적으로 익숙해진 비즈니스 논리 아래에서 자연스럽게 거래를 하고 있었기 때문에 반드시 '사람, 물건, 장소'의 시점에서 '유통'을 검증했다고는 할 수 없다. 무엇보다 '정보, 돈, 물류'의 시점에서 '장소'를 검증한 적은 없었을 것

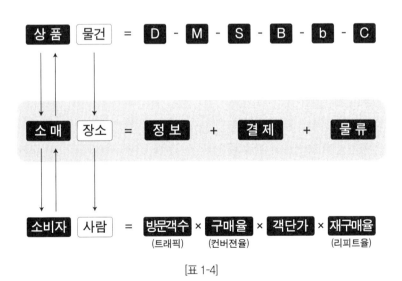

[표 1-4]

이다.

그것은 마치 수십 년간 차를 운전하며 고장 한번 낸 적 없다며 본인 스스로 베테랑 드라이버라고 생각하는 사람과 같다. 과연 이러한 사람들이 차에 해박하다고 할 수 있을까?

어느 날 갑자기 차가 고장 났을 때, 보닛을 열자마자 허둥댈지도 모른다. 베테랑 드라이버라고 해서 반드시 차의 구조에 대해 잘 안다고는 할 수 없다. 오히려 차를 수리해 본 경험이 있는 사람만이 정말로 차를 이해하고 있다고 할 수 있을 것이다.

베테랑 드라이버는 운전기술은 아주 뛰어나겠지만, 일단 차가 고장 나면 스스로 수리할 수 없다는 것을 깨닫게 된다. 비슷한 이론으로 유통업계에 수십 년씩 몸담았던 베테랑들도 일단 유통업계가 비즈니스 모델의 전환에 직면하게 되면 스스로 유통의 본질을 모르고 있었음을 깨닫게 된다는 것이다.

'뉴 리테일'이 존재하지 않는다고 이야기하는 이들은 '운전은 할 수 있지만, 수리는 할 수 없는' 사람들이다.

그들은 스스로 운전기술이 월등하여 빠르고 안정적인 운전을 하고 차종도 크게 차이 나지 않는다고 생각한다. 그러나 차에 문제가 생기면 다시 시동을 거는 정도의 대책만 알 뿐, 어쩌면 보닛을 여는 법조차 모를 수도 있다.

'뉴 리테일'에 성공한 기업이 왕좌에 오른다

▶'사람, 물건, 장소'의 효율을 크게 끌어올리는 신테크놀로지란?

유통의 본질이란 무엇인지 여기서 총괄하여 정리해 보자.

백화점, 슈퍼, 온라인 혹은 오프라인, 만완다 프라자, 타오바오나 T몰, 모두 유통의 본질을 실현시킨 것은 아니다. 유통의 본질이란, '사람'과 '물건'을 이어주는 '장소'이다. 그리고 '장소'의 본질은 정보, 돈, 물류의 조합이다.

미국 유통의 역사를 알아보자.

1884년 이전 미국의 유통 형태는 대부분이 상품을 인도받으면서 동시에 대금을 결제하는 방식으로 소비자가 직접 어떤 장소를 찾아가 물건을 사는 구조였다. 하지만 철도가 탄생해 먼 곳에의 판매가 가능해지자, 유통업체인 시어스(Sears)백화점은 카탈로그 통신 판매를 시작한다. 여기에 더해 자유 반품과 배송원에게 상품을 전달하고 대금을 결제받는 서비스를 제공했다. 오지 않아도 정보를 제공(카탈로그)하고, 결제도 찾아가서 받는, 즉 손님을 기다리는 방법에서 찾아가는 판매 방법이다.

이것은 혁명적인 방법으로 유통에 대한 '장소'가 이동한 것이다.

시어즈는 철도 등 신기술을 이용하고, 통신 판매와 배달이라는 '장소'의 신모델을 구축하고, '사람'과 '물건'을 연결하여 당시 정보, 돈, 물류를 보다 효율적이고 참신하게 조합하여 미국 유통업계의 선두에 설수 있었다. 당시 **시어즈의 판매 방법은 19세기 뉴 리테일이었다.**

이후 새로운 테크놀로지로 자동차가 탄생하면서 집세가 저렴한 교외에 대형 판매점을 만들어 많은 손님을 끌어올 수 있게 됐다. 그래서 월마트는 대형 슈퍼마켓을 교외에 열고 '에브리데이 로우프라이스'를 개점했다.

월마트는 자동차라는 뉴테크놀로지를 이용해 대형 슈퍼마켓이라는 장소 모델을 구축하고 사람과 물건을 연결해 당시의 정보, 돈, 물류를 보다 참신하고 고효율적으로 조합했다. 월마트도 즉시 미국 유통업계의 선두자리를 획득했다. **월마트는 20세기 뉴 리테일이다.**

그리고 최근 10년간, 인터넷과 모바일, 빅데이터, SNS, AI와 같은 신기술이 연달아 등장한다.

이러한 '뉴 리테일'에 의해 소비자와 상품 사이의 루트는 보다 단축되고, 정보, 돈, 물류를 조합하는 수단도 진일보하고 있다. 21세기 뉴 리테일은 금방이라도 등장할 법한 기세다.

마윈이 '뉴 리테일'의 개념을 제기하고 얼마 되지 않아, 알리바바 그룹의 CEO 다니엘 장(張勇)도 이렇게 설명했다.

"사람과 물건, 장소를 둘러싼 모든 비즈니스 요소의 재구축은 '뉴 리테일'로 향하는 중요한 지표이며, 그 핵심은 재구축이 유효한지와 정말로 효율을 올릴 수 있는지의 여부이다."

효율이야말로 '뉴 리테일'의 핵심이다.

샤오미의 창업사 레이쥔과 신선슈퍼 우마프레시(盒馬Frash)의 창업자인 호우잉(候毅)과 인터뷰했을 때, 우연의 일치인지 두 사람 모두 '뉴 리테일'이란 보다 '고효율 유통'이라고 말했다.

시어스와 월마트는 그 시대의 사람, 물건, 장소의 효율을 크게 높였다. 그것은 그전보다 효율성을 높인 유통방법으로 그 당시의 '뉴 리테일'이었다.

그렇다면 현대 유통은 어떻게 뉴테크놀로지를 이용하여 판매의 효율을 높일 수 있을까?

데이터 임파워먼트(empowerment)로 '장소'의 효율을 올리는 것, 매장 효율혁명으로 '사람을 모으는 것'의 효율을 올리는 것, 혹은 단락경제(중간의 불필요한 프로세스를 삭감하는 것으로 효율을 높이는 것)로 '물건'의 효율을 올리는 것 등, 대체 어떻게 하는 것이 좋은 것일까?

제2장

온라인과 오프라인을 융합시키는 '뉴 리테일'

'뉴 리테일(신유통)'은 알리바바그룹(阿里巴巴集团)이 선두를 잡았다.

알리바바 CEO 다니엘 창의 '뉴 리테일'에 대한 해석은 '빅데이터의 임파워먼트(정부의 힘)에 의해 사람, 물건, 장소를 재구축하는 것'이다.

주도권을 갖지는 못했지만, 후발주자인 텐센트(腾讯)는 방식이 달랐을 뿐, 그들의 도착지점도 역시 데이터 임파워먼트였다.

텐센트 창업자 CEO 마화텅(馬化腾)은 2018년, 유통에 대해 다음과 같이 말했다.

"원래 유통기업은 e커머스와 대결하면서 트레이드 오프의 관계이자 상호 배제하는 것 같은 업태로, 유통업계는 과거 십 수년간 온라인 e커머스에 시장 점유율의 대부분을 빼앗겨 비관적 처지가 됐다. 하지만 현재, 종래의 유통과 온라인의 e커머스가 융합을 시작하면서 상호 배제하는 관계가 아니라는 것을 깨달았다. UX(사용자 경험)에서는 온라인과 오프라인의 정합성을 취할 필요가 있으며, 기존의 오프라인 UX는 온라인이 간단히 오프라인으로 대체할 수 없다. 요컨대 실체를 가진 인간은 항상 자신의 주변에 실제 생활을 필요로 한다."

또, 포니마는 텐센트의 포지셔닝을 이렇게 설명했다.

"유통뿐 아니라 매매와 관련된 비즈니스는 일절 하지 않는다. 우리가 하는 것은 서포트와 임파워먼트로 유저와의 커뮤니케이션 능력, 위챗의 미니 프로그램으로 위챗 내에서 설치하지 않고도 사용할 수 있는 웨이신 샤오청쉬, 웨이신 공식 계정(微信公衆号), 클라우드, AI 등을 제공한다. 이 서비스들은 전부 유저들에게 제공하는 것이다. 동시에 에코 시스템 파트너기업과 소프트웨어 개발기업과 연계하여 서비스를 제공하지만, 이것도 텐센트에게 이익 상충이 되지 않는다."

이것이야말로 텐센트의 '뉴 리테일'이다. 포니마는 이를 스마트 리테일이라고 부른다. 그 핵심도 데이터 임파워먼트다.

'데이터 임파워먼트'에 의해 '장소'의 효율을 올린다. 이것은 '뉴 리테일'의 핵심적인 세 가지 로직 중의 하나이다. 데이터는 신세대의 '에너지'이며 무색, 무취, 무형이지만, 묵묵히 정보, 현금, 물류에 '도움'을 주어 유통을 보다 효율화시킨다.

참신한 유통혁명 아래, 데이터 임파워먼트를 보다 발휘할 수 있는 사람이야말로, 이번 혁명의 키를 손에 넣을 수 있을 것이다.

많은 브랜드들이 실천하기 시작한
'제품을 팔지 않는' 오프라인 점포 전략

▶일말의 양심도 없다는 비난을 받은 알리바바 행사

2015년 3월 8일 알리바바는 기존 유통기업에 대해서 지극히 '상도덕'에 반하는 일을 했다. 이날, 알리바바는 '38소마[01]생활절'이라는 이벤트를 개최했다. 어떤 이벤트였을까?

이벤트 규칙은 3월 8일 오전 9시부터, 유저들이 타오바오(Taobao. com)의 모바일 앱에서 원하는 상품의 바코드를 스캔하면 해당 상품의 당일 타오바오 판매가격을 알 수 있게 한 것이다.

그러면서 알리바바는 타오바오의 온라인 판매가격이 오프라인 점포보다 저렴할 것을 공식적으로 약속했다. 기본적으로 전부 절반 가격으로, 수많은 생활필수품이 행사 대상 상품으로 올려 있었다. 그리고 사용자 한 명당 당일에 적용할 수 있는 할인액은 최대 100위안(약 17,000원)이었다.

"전부 반값이라니, 말도 안 돼!"

많은 사람이 타오바오의 모바일 앱으로 집에 있는 상품의 바코드를 스캔해 보았고, 정말 절반 가격임을 알게 됐다. 이들은 집에 있는

---

01) 소마: QR코드를 스캔하여 물건의 가격 정보를 읽는 것.

불선으로는 부속하여 술술이 슈퍼마켓으로 놀려와 매장 내 상품 진열대 앞에 서서 상품을 스캔했다.

소비자들은 슈퍼마켓에서 진열된 상품의 바코드를 스마트폰으로 읽기만 하면 상품 가격과 관련 정보, 타오바오 판매처 링크, 그리고 이 카테고리의 다른 추천 상품까지 볼 수 있었다. 같은 상품인데 타오바오의 판매가가 더 싼 데다가, 집까지 배송받을 수 있으니 많은 사람이 슈퍼마켓에서는 '구경'만 하고, 인터넷에서 '구매'를 했다.

알리바바의 공식적인 발표에 의하면, 이벤트 시작 10분 만에 약 38만 명의 네티즌들이 행사에 참가했고, 그들이 바코드를 스캔해서 구매한 상품의 매출 총액은 일급도시의 대형 슈퍼 10개 점의 하루 매출 총액에 해당했다.

카오(KAO)사의 기저귀 1만 개가 행사 시작 불과 3분 만에 매진되었다. 이는 오프라인의 대형 슈퍼 5개 점의 하루 총매출액이다.

행사 시작부터 1시간 동안의 대형 식용유 브랜드, '골든 드래곤 피시(진룽위, 金龍魚)'의 매출액은 오프라인 대형 슈퍼 125개 점의 하루 총매출액이었다.

소비자들이 슈퍼마켓에서 '구경'하고 인터넷에서 '구매'한 행위는 오프라인 슈퍼를 하루 동안 한시적으로 타오바오의 오프라인 체험매장으로 만들어 버린 것이다.

대부분의 오프라인 슈퍼가 이 사태에 당황했고, '알리바바는 상도덕도 모르나! 일말의 양심도 없나?'라며 분개했다.

누가 옳고 그른지에 대한 판단이나 평가는 조급히 내릴 필요가 없다. 우선은 침착하게 비즈니스 로직의 시점에서 왜 이렇게 되었는지를 이해해 보자.

▶정보, 돈, 물류의 세 가지 흐름은 본래 정해진 모양이 없다

1장의 제2절에서 유통의 본질에 대해서 언급했다.

유통의 본질은 '사람'과 '물건'을 연결하는 '장소'이며, 그 '장소'의 본질은 정보, 돈, 물류의 다양한 조합이다. 그러면 대체 왜 '38소마생활절'이란 이벤트가 생긴 것일까?

오프라인 슈퍼에 이익을 가져오는 '구매' 행위는 빼앗기고 막대한 비용만 들어가는 '구경'만 남은 걸까? 이것을 슈퍼라고 하는 '장소'의 정보, 돈, 물류의 시점으로부터 분석해보자.

이번 장에서는 정보, 돈, 물류의 각도에서 이해하는 유통의 방법론에 대해 고찰한다.

슈퍼의 유통 모델에서 정보, 돈과 물류는 어떻게 구성되어 있을까?

슈퍼마켓을 어슬렁거리면 수많은 상품이 갖춰져 있는 것을 볼 수 있다. 소비자들은 이 중에서 골라 잡은 상품의 브랜드, 상품소개, 성분, 유통기한을 보고, 시식을 해보거나 만져보고 냄새를 맡아보기도 한다. 이러한 행동들로 상품의 정보를 얻고, 구매할지 말지를 판단한다.

구매를 결정하면, 상품을 카트에 넣고 계산대에 가서 계산을 한다.

계산이라는 행동은 당신이라는 '사람'과 슈퍼의 '물건' 사이에 현금

흐름을 완성 시킨다. 구성과 구매의 관세는 구성하며 '정보를 얻어서', 구매함으로 '현금의 흐름을 만든다'는 것이다.

그 후, 당신은 '물건'을 봉투에 넣고 그 봉투를 다시 카트에 실어 주차장으로 간다. 그리고 차의 트렁크에 실은 뒤 집으로 귀가한다.

이것으로 당신은 슈퍼와 함께 '물류'를 완성 시켰다.

슈퍼는 제조사에서 슈퍼까지의 프로세스를, 당신은 슈퍼에서 자택까지의 프로세스를 완성한 것이다.

이것이 정보의 흐름, 돈의 흐름, 물건의 흐름, 즉 '세 가지 흐름'의 구성이다.

원래 이런 구성에 누구도 별생각이 없었겠지만, 그 안에 복잡한 거래구조를 세세하게 관찰하고 고찰해보면 몇 가지 의문점이 생길 것이다.

슈퍼가 당신에게 시각, 촉각, 후각을 통해 정보를 제공했는데 이때 비용이 발생할까? 물론 발생한다.

그렇게 넓은 매장의 임대료와 충분한 재고를 확보하기 위한 재고관리 비용도 포함된다. 또 광열비, 소방설비, 직원급여, 상품의 손실이나 도난 등도 모두 비용의 일부다.

슈퍼는 막대한 비용을 들여 당신에게 정보를 제공하는데, 그 비용을 당신에게 청구하는가?

슈퍼에서 '본점에 설치된 AI 감시카메라로 당신이 스테이크를 두 번 보고, 세 가지 브랜드의 세탁세제를 비교한 것, 네 가지 우유의 성분포를 찬찬히 본 것을 확인했습니다. 그러므로 17.6위안의 정보 제공료를 내셔야 합니다. 지불해 주지 않을 경우, 당 점포를 나가실 수 없습니다.'라는 이야기를 들은 적이 있는가?

슈퍼가 당신에게 제공한 정보의 정보료를 청구한 일은 없다. 이 정보들은 모두 무상으로 제공된다.

이건 좀 이상하지 않은가?

전시회장에서는 비용을 들여 아트전을 개최하여 정보를 제공하고, 당신은 전람회장의 서비스에 대해 입장료를 지불한다. 슈퍼 역시 비용을 들여 상품을 전시하고 정보를 제공하고 당신은 슈퍼의 서비스를 받고 있는데 이것은 왜 공짜일까?

왜냐하면, **슈퍼는 믿고 있기 때문이다. 구입 의사가 있는 소비자의 대부분은 상품을 보고 만져 정보를 얻고, 그 상품이 맘에 들면 직접 구입해 준다는 것을 말이다.**

소비자가 구매를 결정하면 그 후에 이어지는 결제나 물류도 반드시 슈퍼에서 완료하게 된다. 슈퍼에서는 구경과 구매를 분리할 수 없다.

정보, 결제, 물류는 슈퍼 안에서 클로즈드 루프(폐쇄 루프)를 형성해, 현금과 물류의 흐름이 클로즈드 루프 안에서 이루어지는 이상, 슈퍼는 정보료를 받지 않아도 이익을 얻을 수 있다.

즉, 슈퍼의 거래구조는 상품의 매출총이익에 의해 정보 비용을 커버하도록 되어있다. 매출총이익으로 정보 비용을 커버할 수 있으면, 슈퍼는 이익을 낼 수 있다. 그런데 인터넷의 등장으로, 정보, 돈, 물류의 클로즈드 무쓰는 완전히 분해되어 재구성되었다.

▶오프라인에서 정보를 얻어 온라인으로 결제한다

여기에서 다시 '38소마생활절' 이벤트가 무엇을 했는지 다시 이해해 보자. 즉, 이벤트는 이렇게 말한 것이나 다름없다.

"상품을 전시하고 정보를 제공하는 슈퍼의 여러분들, 우리는 많은 소비자들을 대신하여 당신들에게 감사드립니다. 소비자 여러분, 슈퍼가 막대한 비용을 들여 소비자 여러분께 정보를 제공하고 있습니다. 손해 볼 일은 없으니 어서 구경해 보시기 바랍니다. 하지만 정보를 얻어 그 상품을 구매하고자 하신다면, 저희 타오바오에서 주문하시기 바랍니다. 왜냐고요? 우리는 그렇게 넓은 매장을 임대한 것도 아니고, 그렇게 많은 재고도 보유하고 있지 않으며, 고액의 광열비와 소방설비, 직원들의 급여, 상품 로스, 도난에 대한 비용도 들지 않아 우리의 판매가격은 슈퍼보다 저렴하답니다. 그러니 소비자 여러분, 슈퍼에 가서 물건을 보시고 저희 인터넷 쇼핑몰에서 구매하세요."

'38소마생활절' 이벤트의 본질은 기존 슈퍼의 '상품 총이익에서 정보의 비용을 커버'하는 거래구조를 파괴하고 '오프라인에서 정보를 얻고 온라인으로 결제를 완료'하는 새로운 거래구조를 구축했다.

이러한 새로운 거래구조 아래, 슈퍼 같은 오프라인 유통업체 대다수가 직접적인 타격을 받았다. 가장 근본적인 현상으로는 소비자가 슈퍼에 가는 횟수가 점점 감소하는 반면, 인터넷 쇼핑 횟수는 점점 증가하고 생활권 멀리 5㎞ 밖의 대형 마트는 갈수록 경영난에 빠졌다.

슈퍼의 정보, 결제, 물류를 하나로 묶은 전략은 시련의 시기를 맞이했고, 슈퍼 스스로도 소비자가 무료로 정보를 획득할 수 있는 유저의 체험의 장으로 서서히 변하고 있다.

비즈니스 서적인 만큼, 우리는 도덕적 관점에서 타오바오의 행위를 판단하기보다는 비즈니스 논리의 관점에서 분석해 보자.

정보의 흐름, 돈의 흐름, 물건의 흐름은 물과 같이 형태가 없다. 물론 '도덕성'도 없다. 이것은 하나의 거래구조가 또 다른 하나의 거래구조를 대체하는 과정으로, 감정적이지도 않고 악의가 있었던 것도 아니다.

그야말로 중국 SF작가 류츠신(劉慈欣)의 장편소설 '삼체(the three-body problem)'에 나온 대사 그대로다.

"내가 당신을 소멸시키는 것은 당신과는 아무런 상관이 없다."

▶누가 정보의 비용을 부담해야 하나?

여기까지 읽고, 당신은 섬뜩해졌을지도 모르겠다. e커머스는 기존 유통기업의 피를 다 빨아먹을 것인가? 도대체 누가 정보의 비용을 지불해야 하는가? 기존의 유통기업이 e커머스 때문에 망하게 되면, 누가 정보를 제공하는가? 최종적으로는 e커머스도 소멸해 버리는 것은 아닌가?

정보, 결제, 물류라는 유통방법은 '상품의 매출총이익으로 정보의 고스드를 거버'했넌 것에서 '오프라인에서 정보를 얻고, 온라인으로 결제를 와류'하는 것으로 흘러간다. 그러나 상내들 서으로 긴주하어 어느 한쪽이 이기면 한쪽이 지는 상황이 되지는 않았다. 그리고, 끊임없이 진화하고 융합하여 결국 모든 사람이 이익을 얻을 수 있는, 보다 고효율적이고 안정적인 새로운 거래구조가 등장했다.

이 '모든 사람이 이익을 얻을 수 있고, 보다 고효율적이고 안정된 새로운 거래구조'가 바로 '뉴 리테일'인 것이다.

예를 들어보자. 대다수의 소비자는 인터넷상에서 구두를 사고 싶지 않다. 그 주된 원인은 구두와 같은 상품이 갖는 특수성에 있다.

구두 스타일이나 디자인에 따라서 조금씩 사이즈에 차이도 있고, 대부분 실제로 신어봐야 본인의 발에 맞는지 알 수 있다. 이 부분을 인터넷 쇼핑몰이 만족시키기는 결코 쉽지 않다.

대부분의 사람들이 인터넷에서 나이키의 신상품을 보고 디자인도 마음에 들고 가격도 괜찮지만 바로 주문하지 않는다. 나이키의 오프라인 매장을 방문해 신어보고 난 뒤 구입 여부를 결정한다.

문제는, 대부분의 오프라인 매장 판매가는 종종 인터넷보다 비싸다는 점이다. 이럴 때 소비자는 점원에게 "이 신발 인터넷에서는 700위안인데, 여기서는 1200위안이네요. 인터넷이랑 가격을 맞춰 주시면 안 되나요? 그럼. 지금 바로 살게요."라고 할지도 모르겠다.

그 경우, 점원은 아마 이렇게 대응할 것이다.

"죄송합니다, 그건 도와 드리기가 어렵습니다. 이 신발은 매입원가가 600위안이고 판매가가 1,200위안인데, 모든 신발 매출액의 30%는 백화점에 매출수수료로 지불해야 합니다. 1,200위안에서 30%를 제하면 840위안인데, 매입원가 600위안을 제한 나머지 240위안으로 직원의 월급을 겨우 지급하고 있습니다. 만약 손님께 700위안으로 판매하면 백화점의 마진 30%를 제하고 490위안밖에 남지 않아서 원가도 커버할 수가 없어요. 정말 죄송하지만 곤란합니다."

소비자들은 마음속으로 '나는 여기서 그냥 사고 싶은데 인터넷보다 많이 비싸네. 할인해주지 않으면 어쩔 수 없지, 날 비난하지는 말기를……'라고 생각하며 정정당당히 그 자리를 떠나 인터넷으로 그 신발을 구입한다.

이 문제와 슈퍼의 문제는 거의 같다.

소비자는 오프라인 매장에서 실제 신어보는 체험을 통해 정보를 획득했고, 매장은 정보 비용이 발생하고 있지만, 구매는 온라인에 빼앗겼다. 이러다 결국 오프라인 매장들은 온라인에 의해 도태되고 매출은 계속 떨어져 결국 폐점하게 된다.

어떻게 하면 좋을까?

누구보다도 매장을 폐점하고 싶지 않은 것은 브랜드 기업이다. 판매 대리점이 이익을 내지 못해 매장을 자꾸 닫게 되면 과연 누가 그 기업을 위해 신발을 판매할 것인가?

이 문제의 해결법은 거래구조의 새로운 최적화 즉, 대리점이나 가맹점의 판매 매장을 대신하여 브랜드 체험형 매장을 여는 것이다.

온라인상에서만 판매하는 것은 비현실적이다. 오프라인에서 직접 보고 정보를 얻고 싶다는 소비자의 욕구가 존재하는 한, 오프라인 매장은 계속 존재할 것이다.

하지만 유통업체들도 영원히 무료로 정보를 계속 제공할 수는 없다. 늦던 빠르던, 조만간 '다시는 봉이 되고 싶지 않다'고 생각하는 날이 올 것이다. 그렇게 되면 누가 상품의 전시나 체험과 같은 정보의 코스트를 부담해야 할까?

그것은 브랜드, 즉 기업이다.

오프라인에서는 앞으로 '브랜드가 운영하는 체험형 점포'가 점점 늘어날 것이다. 브랜드 체험형 점포의 첫 번째 목적은 상품을 보고, 만지고, 착용해보고 고객의 마음에 들게 하는 것이 목적이지, 판매가 주요 목적이 아니다.

▶점원은 왜 '인터넷에서 구매하세요'라고 말하는가?

판매를 첫 번째 목적으로 하지 않는다면 유통기업은 충분한 이익을 낼 수 없기 때문에 받아들이기 어려울 것이다. 하지만 괜찮다. 그렇다면 브랜드 기업 스스로가 매장을 오픈하고 임대료 등 비용을 부담하면 된다.

브랜드 체험형 점포에서는 손님이 "이 신발 인터넷에서는 700위안인데 여기서는 1200위안이네요. 가격을 맞춰 주실 수 없나요? 인터넷에서 안 사고 지금 바로 살께요."라고 말하면 점원은 웃으며 "괜찮습니다, 손님. 그러시면 인터넷에서 구매해 주세요."라고 대답할 것이다.

왜 그럴까?

온라인, 오프라인 어디에서 팔아도 모두 기업의 매출이 되기 때문이다. 게다가 재무적인 면에서는, 체험형 매장의 집세나 재고 관리 비용 등의 정보 비용은 향후 마케팅 비용으로 계상할 수도 있다. 그렇다면 기업이 그렇게 많은 체험형 점포를 열지 못하는 경우는 어떻게 할 것인가?

앞으로는 많은 판매 대리점들이 서비스 제공 기업으로 모델 체인지하여 브랜드 기업을 서포트하는 체험형 매장을 전문적으로 제공할지도 모른다. 이 경우 브랜드 기업이 체험형 매장의 가치를 심사하는 것은 매출이 아닌 고객 만족도가 된다.

덧붙이자면 판매 대리점이 브랜드 체험형 매장으로 모델 체인지하는 것은, 백화점이 매출에 따라 함께 마진을 얻는 공동경영 모델에서, 매출과 상관없는 임대료를 받는 모델로의 전환을 지지하게 될 수도 있다.

앞으로 어느 상업시설에도 여전히 매장은 존재한다. 단지 과거와 같이 보이는 매장 뒤에서는 거래구조가 은밀히 바뀌고 더욱더 많은 판매 대리점이 브랜드 체험형 매장으로 모델 체인지 될 것이다. 그리고, 더욱더 많은 백화점은 판매에서 체험을 목적으로 하는 쇼핑센터로 모델 체인지 할 것이다.

이것은 단순한 예상일까, 아니면 현실에서 나타나는 동향인가?

2017년 10월에 나이키 CEO는 세계 각국에서 제휴하고 있는 3만 개의 유통 매장을 40개로 축소한다고 발표했다. 이렇게 선정된 40개는 독립된 체험형 매장을 운영할 만한 능력이 없으면 안 된다.

향후, 나이키의 오피셜 사이트와 애플리케이션이 주요한 판매 채널이 되고, 체험형 매장은 보다 양질의 UX(사용자 체험)[02]의 제공에 주력할 것이다.

어떤 것에도 그 이면에는 비즈니스 로직이 존재한다. 나이키는 지금 브랜드 체험형 매장이 판매 대리점을 대신하는 '뉴 리테일'의 로직을 실천하고 있는 것이다.

나이키 이외에도 많은 브랜드가 지금 '상품을 판매하지 않는' 오프라인 매장 전략을 시도하고 있다.

2016년 네덜란드의 란제리 브랜드인 체리린(Cherie lynn)은 암스테르담에서 '시험 착용만 가능하며 구매는 할 수 없는' 오프라인 체험형 매장을 오픈했다.

손님은 전신거울 앞에서 입어보고 디지털 디바이스로 주문, 상품은 48시간 이내에 집으로 배송된다.

상품을 판매하지 않는 것에는 또 하나의 메리트가 있다. 매장에서

---

02) UX(user experience): 사용자 경험(使用者 經驗). 사용자가 어떤 시스템, 제품 혹은 서비스를 직간접적으로 이용하면서 느끼고 생각하게 되는 총체적 경험. 단순히 기능이나 절차상의 만족뿐 아니라 전반적으로 지각 가능한 모든 면에서 사용자가 참여, 사용, 관찰하고 상호 교감을 통해서 알 수 있는 가치있는 경험이다. 긍정적 사용자 경험의 창출은 산업 디자인, 소프트웨어 공학, 마케팅 및 경영학의 주요과제이며 이는 사용자의 니즈(needs)의 만족, 브랜드의 충성도 향상, 시장에서의 성공을 가져다 줄 수 있는 주요 사항이다. 출처: 다음백과사전

재고를 보유하고 있지 않아도 되기 때문에 창고 임대료나 재고 관리 비용을 크게 줄일 수 있다.

2017년 미국의 유명한 고급 백화점인 노스트롬(Nordstrom)도 로스앤젤레스에서 판매하지 않는 오프라인 매장을 열었다.

면적은 겨우 300㎡ 남짓으로, 이 매장은 주로 개인 스타일링, 사이즈 수선, 상품 수령 및 반품, 주문변경 등의 서비스만을 제공한다.

오프라인에서 체험하고 온라인으로 구매하는 모델에서는 오프라인 서비스가 핵심이 된다.

정보, 결제, 물류는 인터넷 아래 온라인의 강점인 데이터를 가지고 오프라인의 강점인 고객 체험에 힘을 실어주어 지금까지의 '상품 매출이익으로 정보 비용을 커버'하는 거래구조는 '판매는 하지 않는 체험형 매장'으로 향하고 있다. 이러한 온라인 유통에 힘을 부여하는 오프라인 서비스, 이것이야말로 '뉴 리테일'인 것이다.

과연 레이쥔의 말대로다.

우리는 온라인에서 오프라인으로 회귀한다. 하지만 왔던 길을 되돌아가는 게 아니라, 인터넷이라는 도구, 수단을 이용해 기존의 유통들을 효율화하고 온라인과 오프라인의 융합을 이루어 내는 것이다.

판매하지 않는 체험형 매장은 '뉴 리테일'의 한 동향이기는 하지만 모든 상품에 대해서 동일하지는 않다. 아직도 전적으로 오프라인에서만 판매되거나 오프라인 매출이 대다수를 이루는 상품들이 더 많이 있다.

그렇다면 내가 현재 판매하는 상품에서, 어떻게 '판매하지 않는 체험형 매장'과 같은 '뉴 리테일'의 동향이 도래하기 전에, 사전에 그것을 간파하고 대책을 세워 준비할 수 있을 것인가?

여기에는 인터넷과 오프라인에 대해 다시 이해하는 것이 필요하다.

인터넷은 애당초 '선진성'을 체험하는 게 아니라 그냥 어떠한 '특이성'을 갖는 것이다. 마찬가지로, 오프라인 유통도 '본질성'을 나타내는 것은 아니다. 단지, 지금까지 유통업에 종사하는 사람들이 '유통은 영원히 변화하지 않는다'고 생각하고 있는데, 이것은 오프라인의 '특이성'이라고 할 수 있다.

이러한 온라인과 오프라인의 특성이나 각각의 우열을 이해함으로써 정보, 결제, 물류의 동향을 파악하고 미리 '뉴 리테일'의 대책을 세울 수 있다.

고효율 정보도 유통을 꺾을 수 없다

▶ 타오바오가 중국 최대의 '백화점'으로 변모한 이유

'뉴 리테일'의 동향을 간파하고 예측하기 위해서 지금부터는 정보, 결제, 물류가 온라인과 오프라인에서 어떤 특이성을 갖고, 각각 얼마나 '뉴 리테일'을 재구축할 수 있는지 논의해 보자.

우선 정보에 대해 일상적으로 익숙해진 행위, 물건을 살 때 최소한 세 곳 이상의 가게를 돌아보고 비교해 봐야 손해를 보지 않는다는 속담(화비삼가, 貨比三家)으로부터 이야기를 시작해 보자.

인류 역사상 거래가 생긴 이래, 줄곧 여러 곳을 돌아다니며 비교해서 훌륭한 물건을 고르는 것은 쇼핑의 철칙과도 같다.

야채를 사러 시장에 갔을 때, 만약 쇼핑시간이 충분하면 많은 가게를 다니며 가장 신선하고 적당한 가격의 야채를 살 것이다. 생활용품이나 옷, 전자제품 등을 살 때도 이 원칙을 지킨다.

다음의 예를 보자. 아마 낯설지 않은 이야기일 것이다.

어느 날 셔츠를 사러 왕푸징[03]에 갔다고 하자. 왕푸징 백화점을 한 바퀴 돌며 마음에 드는 셔츠를 찾았다. 판매가격은 600위안.

---

03) 왕푸징(王府井): 베이징시 중심부에 있는 번화가. 대형 백화점이나 음식점이 즐비하며 보행자 천국이 시행되는 곳, 서울의 명동이나 압구정동 같은 곳이다.

다음은 근처의 신동안시장(新東安商場, 쇼핑센터)에 가서 같은 셔츠가 700위안에 판매되고 있는 것을 발견했다.

다른 쇼핑센터를 한 군데 더 가본다. 여기에선 800위안에 판매되고 있었다. 종합적으로 비교하니 역시 왕푸징 백화점에서 가장 싸게 판매하고 있으니 다시 돌아가 600위안에 그 셔츠를 구입했다.

여기저기 왔다갔다 하는 과정은 좀 귀찮아도, 마음에 드는 셔츠를 제일 싸게 구입할 수 있었으니 여기저기 돌아다니는 것도 쓸데 없지는 않았다고 당신은 내심 매우 만족했다.

이런 쇼핑 경험은 누구에게나 있을 것이다.

왜 쇼핑할 때는 가게를 몇 곳이나 돌아다니며 비교하게 되는 걸까?

그 주된 원인은 정보의 비대칭성 때문이다.

당신이 왕푸징 거리에서 쇼핑하려고 할 때, 이 3곳에서 같은 셔츠가 각각 얼마의 가격으로 팔리는지 모르기 때문에 어쩔 수 없이 한 군데씩 둘러볼 수밖에 없다.

그런데, 만약 어떤 종류의 테크놀로지가 존재하고, 왕푸징 거리에 도착하자마자 얼굴 인증 시스템이 당신이 셔츠를 사러 왔다고 판단하고, 입구의 스크린에 당신이 구매하고자 하는 셔츠는 왕푸징 백화점 600위안, 신동안시장에서는 700위안, 또 다른 한 곳의 쇼핑센터에선 800위안으로 판매되고 있음을 알려주면, 그래도 당신은 가게를 둘러보고 비교할까?

틀림없이 바로 왕푸징 백화점으로 셔츠를 사러 갈 것이다.

왜 예전에는 가게를 돌아다니면서 비교해 봤던 것일까?

'화비삼가'라는 속담이 있다는 것은 과거 유통의 정보 효율이 매우 나빴음을 말해준다. '상품 가격 안내 스크린'과 같은 기능은 오프라인 쇼핑 상황에서 적용하기는 어렵지만, 인터넷 온라인 쇼핑에서는 간단하다. 당신이 셔츠를 사고 싶을 때 T몰(天猫,Tmall.com)에 검색만 하면 인터넷이 느리다 해도 몇 초 만에 셔츠가 각각의 쇼핑몰에서 얼마에 판매되고 있는지 알 수 있을 뿐 아니라, 바겐세일 등 프로모션의 진행 여부까지 확인할 수 있다. 또, 사고 싶은 것이 있다면 뭐든지 타오바오로 살 수 있다.

예를 들면 코스프레용 가발이나 의상이 필요할 때, 까르푸나 월마트 같은 대형 마트에서는 잘 팔지 않지만 타오바오에는 수천, 수만 개의 쇼핑몰에서 누군가가 이런 상품을 판매하고 있다. 그래서 많은 사람이 '만능 타오바오'라며 경탄하는 것이다.

왜 타오바오가 '만능'이 된 것일까?

타오바오가 제공하는 정보의 효율이 큰 폭으로 상승하고, 빠르고, 무엇이든 팔고 있으며, 저렴하기 때문이다. 모든 상품을 갖추고 가격 비교도 편리한 타오바오는 이제 중국 최대의 백화점으로 변모했다.

2017년 11월 11일, 더블일레븐[04], 또는 광군제라고 불리는 쇼핑데이 당일, 알리바바는 1,682억 위안(약 28조 6천억 원)의 거래액을 기록, 신화가

---

04) 11월 11일, 더블일레븐: 원래 중국에서는 '광군제'로 불리는 독신의 날이었는데, 이제 중국 최대의 인터넷 세일의 날이 되었다.

되었다. 약 1,600억 위안은 몽골 전체의 GDP(국내 총생산)의 약 3배가 넘는다(2017년 제3분기까지 몽골의 GDP는 불과 81,54억 날러, 약 500억 위안).

인터넷이 제공하는 정보는 오프라인에 비해 고효율, 완전, 저가격이라는 명확한 특이성을 갖추고 있다. 그렇다면, 효율성이 높은 정보나 인터넷은 과연 기존의 유통업을 이길 수 있을까?

아니, 전혀 그렇지 않다.

2018년 2월 1일, 중국 상무부는 2017년 중국의 사회 소비재 유통 총액 36조 6,000억 위안 가운데, 온라인 유통총액을 15%, 5조 5,000억 위안으로 발표했다.

인터넷 e커머스가 선진적이기는 하지만 아직까지 85%의 거래는 여전히 오프라인에서 이루어지고 있는 것이다.

▶오프라인 유통이 갖는 '체험'이라는 거대한 가치

예전부터 줄곧 체험은 인터넷 쇼핑에서 해결하기 어려운 문제였다.

예를 들어 옷을 산다고 가정해보자. 인터넷에서 옷을 구매할 때는 소재를 만지거나 눈으로 확인하지 못하고, 입어보지도 못하니 내 눈과 직감에 의존할 수밖에 없다. 자칫 실수로 착각하거나 잘못 고른 경우에는 참혹한 결과(인터넷에서 본 상품소개 느낌과 실제 입어본 느낌이 많이 다른 것)를 낳을 수도 있다.

다른 예로 매트리스를 산다고 가정해보자. 인터넷에는 매트리스의 길이, 너비, 높이와 같은 규격이나, 이 매트리스는 20여 개의 스프링이 편안하게 받쳐주며 수입 라텍스를 사용하고 최첨단 설계 원리를 채용하고 있다는 설명문을 확인할 수 있다. 하지만 사진이 아무리 구체적이고 예쁘다고 한들, 누워보고 얼마나 편안한지 느껴볼 수는 없다.

인터넷에서 1,200위안(약 20만 원) 상당의 고가 매트리스를 구입하게 될 것인가? 정말로 편안하게 잘 수 있을까? '도박'을 하는 사람도 있겠지만, 대부분은 오프라인 매장에 가는 것을 선택할 것이다.

매장에 가서 매트리스 위에 실제로 누워보고, 얼마나 편안한지, 혹은 얼마나 허리를 잘 받쳐주는지 느껴 볼 것이다. 아주 편안하고 마음에 들면 바로 구매를 결심할 것이다.

이케아의 매트리스 담당 판매원에게 이런 이야기를 들었다.

한 고객이 이케아의 매트리스에 누워서 그냥 잠들어 버렸는데 마침 지나가던 다른 손님이 그 모습을 보고 '저 매트리스에 누워 있는 게 사람이냐, 마네킹이냐?'하고 물었다고 한다. 판매원은 매장 매트리스에 누워 숙면하고 있던 고객을 흔들어 깨웠고, 푹 자다 깬 고객은 그 매트리스를 구매했다고 한다.

미국의 매트리스 전문 EC사이트 캐스퍼는 '매장도 대리점도 없습니다. 40일간 무료사용'이란 인터넷 판매 방법으로 한때 매트리스 유통업계를 뒤흔들었다.

캐스퍼는 상품의 발매일부터 단 28일간 매출액 100만 달러를 넘겼고, 2015년 미국 내 총매출액이 1억 달러에 달했다.

그렇게 순식간에 매출이 성장하고 3년 후, 캐스퍼는 실제 매장 없이 온라인만으로는 더는 매출성장을 기대할 수 없음을 깨달았다.

그래서 2017년, 미국 유통업의 기두이자 종합유통 회사인 타겟 코퍼레이션(Target Corporation)을 리드 인베스터[05]로 1.7억 달러의 투자를 받았고, 이 회사의 미국 내 오프라인 매장 1,200곳을 통해서 매트리스를 판매했다. 오프라인 매장에서 유통을 시작해 보니, 캐스퍼는 프로모션과 마케팅 비용 예산이 감소한 것을 깨달았다. 그리고 가장 중요한 것은 반품이 감소했다는 점이었다.

오프라인에서 체험을 해보지 않고 온라인에서 감각적으로 구입한 사람들의 반품이 생각보다 훨씬 많았던 것이다.

이것이야말로 오프라인 유통이 가지는 '대체할 수 없는 체험'이다.

인터넷의 장점은 정보의 '고효율성'에 있고, 보다 빠르고, 보다 완전하며, 더 저렴하다. 오프라인의 장점은 정보의 '체험'에 있으며, 보다 복잡하고, 보다 다감하며, 보다 입체적이라는 것이다.

'복잡, 다감, 입체적'인 정보는 데이터나 사진으로는 세밀하고 정확하게 전하기가 어렵다. 우리는 그것을 '체험'이라고 부른다.

체험이란 다시 말해 인간이 가진 섬세하고 다양한 감정이 얽힌 복잡한 정보를 나타내는 것으로, 인터넷에서는 대체할 수 있는 것이 아직은 없다. e커머스의 거두들도 테크놀로지를 구사하며 온라인에서의 체험이라는 난제를 해결하려 하고 있지만, 현시점에서 아직 완벽

---

05) 리드 인베스터: 특정의 자금 조달을 담당하는 벤처 캐피털 기업.

한 솔루션은 없다.

'VR[06]의 원년'으로 명명된 2016년, 알리바바는 VR을 이용하여 온라인 UX(사용자 체험) 개선을 시도했다. 여러 번의 프로모션을 거치고 같은 해 11월 1일, 알리바바는 정식으로 VR을 활용한 쇼핑 서비스, 'Buy+'를 출시했다. 이것은 알리바바의 VR 실험실 프로젝트의 하나로, 알리바바가 최초로 공개한 VR 전략이다. 간단히 말하자면 VR 고글을 쓰기만 하면 실제 쇼핑 장면이 눈 앞에 펼쳐지면서 집에서 쇼핑을 체험할 수 있다는 것이다.

알리바바의 'Buy+'서비스 제공은 우선은 월경 EC 사이트인 'T몰 글로벌(T-Mall Global)'에서 시작했다. 'Buy+'를 열면, 일상적으로 방에 들어가듯 눈앞에 가상의 방이 나타나고, 그 방의 벽에는 세계 각지 일곱 곳의 쇼핑명소 사진(미국 백화점 타겟, 메이시즈, 창고형 슈퍼마켓 코스트코, 일본 드럭스토어 마츠모토 키요시 등)이 걸려 있다. 이용자는 VR 고글을 쓰고 벽의 사진을 클릭하여 가상세계로 들어가 상품을 구경하거나 구매할 수 있다.

2017년 7월에 열린 타오바오 업체 페스티벌에서 마윈은 'Buy+'를 'AR Buy+'으로 업그레이드한다고 발표했다.

AR[07]은 현실을 강화·증강하는 테크놀로지이다. 타오바오 모바일

---

06) VR(virtual reality): 가상현실, 假想現實.
07) AR(Augmented Reality): 증강현실, 增强現實. 현실에 존재하는 이미지에 가상 이미지를 겹쳐 하나의 영상으로 보여주는 기술. 가상현실보다 현실감이 뛰어난 것이 특징이다.

앱에 있는 'AR Buy+'의 스캔 기능으로 상품을 스캔하면 곧바로 AR의 쇼핑 세계에 들어갈 수 있어 VR 고글을 장착할 필요도 없다. 하지만 이 두 가지 테크놀로지는 아직 충분히 완성되지 않았다.

VR 고글은 장시간 착용하면 어지럽고, AR도 오프라인 UX의 확실성에는 미치지 못한다. 고글을 장착하면 실사판이 아닌 애니메이션을 보는 듯해 좀처럼 그 가상현실에 녹아들 수도 없다.

VR를 활용한 인터넷에서의 '체험' 개선은 방향성은 옳지만, 아직 실현까지는 머나먼 여정이 남아있는 것이다.

▶판매 효율을 크게 상승시킨 '온라인과 오프라인의 같은 가격'

여기서 문제다. 온라인의 고효율과 오프라인 체험을 결합 시킬 수는 없을까?

뉴 리테일의 나아갈 방향은 필연적으로 인터넷 정보의 '고효율'과 오프라인 정보의 '체험'의 융합이다(표 2-1참조).

누구보다 먼저 그 융합 방법을 생각한 사람이야말로 누구보다 먼저 뉴 리테일의 문을 열 수 있을 것이다. 그리고, 그 문의 첫 번째 열쇠를 손에 넣은 것은 샤오미일지도 모른다.

2015년 9월 12일, 샤오미의 오프라인 체험형 매장, 미스토어(小米之家)의 제1호점이 중국의 실리콘 밸리로 불리는 북경 중관춘 지역의 모던플라자(当代商城) 6층에 문을 열었다.

미스토어의 디자인은 체험성이 매우 강조되어 상품 진열은 무인양

품보다 여유롭지만, 애플스토어보다는 밀집되어 있다.

기존 휴대폰 매장과는 달리, 마치 월마트나 무인양품같이 가게를 만들었다.

스마트폰 이외에도, 노트북, 컴퓨터, 공기청정기, 정수기, 블랙박스, 압력밥솥 등 스마트 홈 제품, 스마트 밴드와 모바일 배터리 등 스마트폰 액세서리들도 즐비하다.

이들 상품은 샤오미의 에코 시스템 파트너기업[08]들이 제조하여 평균 주 1회 빈도로 신상품을 발매하고 있다. 고객유치 때문에 계절감 있는 상품과 저렴한 상품, 예를 들어 69위안(약 12,000원)의 양산겸용 우산과 19위안(약 3,200원)짜리 볼펜도 판매하고 있다.

예전에는 샤오미가 이렇게 다양한 종류의 상품을 갖추고 있다는 것이 거의 알려져 있지 않았다. 하지만 지금은 모든 상품이 당신의 눈앞에 진열되어 있고, 누구나 매장 내에서 천천히 체험해 볼 수 있다. 상품의 질감을 느껴보고, 게임을 해 보고, 컴퓨터를 산다면 다른 CPU와 성능을 비교해 데이터 처리 속도를 체감해 볼 수도 있다. 정수기의 수질 개선 모습까지 눈으로 확인할 수 있는데, 건강을 생각하는 사람이라면 분명 관심을 가지게 될 것이다.

이것이 바로 '상품을 판매하지 않는 체험형 매장'이다.

그러나 샤오미의 또 다른 결정이 의외로 이 '판매하지 않는 체험형

---

08) 에코 시스템 파트너기업: 샤오미가 자금이나 기술, 상품 개발, 판매 등을 지원한 제휴 벤처기업.

매장'의 판매 효율성을 크게 높였다. 그것은 현장 판매를 시행한 것으로 '온라인과 오프라인이 같은 가격'이라는 것이다.

손님들은 상품을 체험하고 마음에 들면 사려고 한다. 그래서 인터넷 가격을 찾아보니 체험형 매장과 인터넷 판매가가 동일하다. 손님들은 그렇다면 지금 당장 여기서 사지 않을 이유가 없다고 생각한다.

오프라인 체험은 미스토어에 뜻밖의 결과를 가져온 것이다.

미스토어가 오프라인 전개를 시작해 일단락 지은 후, 샤오미 사장 린빈(林斌)도 온라인과 오프라인의 큰 차이를 느꼈다. 오프라인의 효율은 온라인에 크게 못 미치지만, 오프라인이 소비자에게 주는 영향이나 체험성은 e커머스를 훨씬 능가한다.

몇 차례 매장에 가 모니터링을 하던 중, 그는 많은 방문객이 물건을

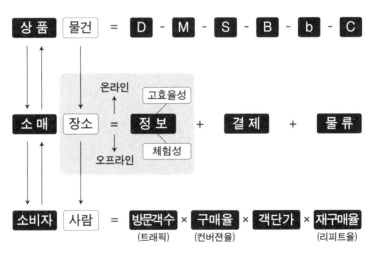

표 2-1

구입한 다음 날, 다시 친구를 데려와 구매하는 것을 발견했다. 재구매 고객은 점포입지의 결점을 커버할 수 있다.

린빈은 광저우시의 골드탁 광장 쇼핑몰에 있는 미스토어를 소개했다. 이 쇼핑몰은 지하철 상권 내에 있고, 지하 2층이 지하철역으로 이어지는데 미스토어는 지상 2층에 있기 때문에 기본적으로 사람들이 지나다닐 일은 거의 없다.

오픈하고 1년여가 지난 뒤, 주변의 다른 점포는 모두 폐점을 했음에도 미스토어는 매출액 1,000만 위안을 달성했다. 이에 대해 그는 '한결같은 사람들의 방문과 재구매 고객이 가게를 키웠다'고 말했다.

그 외에도 온라인 쇼핑몰에서 구입하기 어려운 고액의 상품, 예를 들면 세그웨이(서서 타는 전동 이륜차)나 전동 어시스트 자전거 등은 대부분 오프라인에서 더 잘 팔리고 있다.

예를 들어, 세그웨이를 저 멀리에서 본 적은 있는데, 실제로 타보면 어떨까? 사면 정말 도움이 될까? 지금까지 타 본 적이 없는데, 균형감각이 좋지 않아도 바로 탈 수 있을까? 등의 여러 가지 불안요소가 있어 인터넷상의 사진만 보고 구입하려는 마음은 잘 들지 않는다.

하지만 오프라인 매장에서 한 번 시승해 보고, 조작이 간단하여 금방 탈 수 있고, 매우 가볍고, 단거리 출퇴근에 분명히 도움이 된다는 것을 알게 되면 쉽게 마음을 움직여 구매할 것이다.

이것이 오프라인 유통이 가지는 '체험'이라는 거대한 가치이다.

자, 그럼 인터넷의 고효율성은 어떨까?

▶데이터를 활용해 '체험'에 '효율'이라는 날개를 달다

샤오미의 가게 안에는 5개의 80인치 디스플레이 화면을 벽에 설치한 셀프 쇼핑패널이 있다.

손님은 구입할 상품을 결정해 화면에서 그 상품의 QR코드를 직접 스캔하여 주문하고, 점원이 상품을 건네주는 방식이다.

이 구매의 모든 프로세스에서 수작업에 의한 조작은 불필요하다. 또, 모바일 결제를 채용해 계산대 정산을 없애면서 결제의 효율화에도 진일보했다. 게다가 스마트폰으로 영수증에 찍힌 QR코드를 스캔하면 전자 영수증을 신청하고 확인할 수 있다.

특히 온라인 데이터는 재고량을 억제하는 데도 효과적이다. 미스토어에서는 현재 주로 샤오미몰(샤오미상청, Mi.com)에서 예상 판매 수량을 발주하고 그 20%는 에코시스템 파트너기업의 협력하에 미리 준비한다.

에코시스템 파트너기업은 어떤 상품의 판매량이 높은 것을 확인하여 아직 샤오미몰에서 발주가 없더라도 스스로 사전에 상품 일부를 준비해, 만에 하나 재고가 떨어져 공급 및 재생산에 어려움을 겪는 사태를 피하고 있다. 인터넷 데이터를 이용해 오프라인에 힘을 싣는 것이다. **뉴 리테일은 온라인의 고효율성을 활용해 오프라인 체험에 효율이라는 날개를 달아주고 있는 것이다.**

미스토어뿐만 아니라 아마존의 오프라인 서점 역시 인터넷의 효율을 이용해 오프라인으로 회귀하고 있는 또 하나의 좋은 예다.

과거 오프라인 서점을 폐점 위기에 몰아넣었던 아마존은 2015년 11월, 시애틀 중심부 북쪽에 있는 쇼핑몰, 유니버시티 빌리지에 오프라인 서점 '아마존 북스' 제1호점을 오픈했다. 아마존 북스의 부사장 제니퍼 캐스트(Jennifer Cast)는 이렇게 소개한다.

"오프라인 서점 '아마존 북스'는, EC사이트의 아마존 닷컴의 연장선상에 있어, 20년이 넘는 온라인 도서 판매의 경험을 활용하여 오프라인 서점을 열었다. 이 서점 자체가 온라인과 오프라인 서적 판매의 어드밴티지의 집합체이다."

아마존 오프라인 서점은 다른 서점과 뭐가 다를까?

기존 서점에서 적절한 재고 보유는 서점 경영자에게 항상 골치 아픈 문제였다. 경험 많은 바이어들도 급속히 변화하는 소비자의 기호에 적절히 대응하는 것은 어렵다. 하지만 아마존이 쌓아놓은 방대한 데이터로 인해 아마존 북스는 이를 예측할 수 있었다.

즉, 아마존 북스의 경영자는 아마존 공식 사이트에 남겨진 고객 리뷰, 예약 수나 판매 수, 인기도 등을 바탕으로 소비자의 흥미를 끌만한 서적을 선택할 수 있는 것이다.

서적 진열 방법도 정치, 경제, 사회, 문학 등 카테고리로 분류하는 기존의 진열 방법을 채택하지 않고 일반적인 관습을 뒤엎었다.

아마존 북스에서 눈에 띄는 것은 '독자가 가장 좋아하는 레시피', '독자 리뷰 4·5점 이상', '96%의 독자가 리뷰 평가 만점을 준 책', '이 책을 좋아한다면, 이곳에 진열된 책도 추천합니다' 같은 카테고리다.

서적에 진열된 책들 아래에 게시된 정보는 가격 등 기본정보 외에 독자의 종합평가나 엄선된 독자 리뷰 등 흥미로운 내용들이 포함되어 있다. 이러한 정보는 책을 구입하려는 사람들에게 도움이 될 뿐만 아니라 사용자의 체험성(UX)을 풍부하게 한다. 온라인과 오프라인의 관계를 강화해 상호 연결 체제를 형성하는 것이다.

사실 '독자가 가장 좋아하는 레시피', '독자리뷰 4·5점 이상', '96%의 독자가 리뷰 평가 만점을 준 책'과 같은 데이터는 기존 오프라인 서점에서는 간단히 알기 어려운 정보이다.

아마존은 온라인 정보의 고효율성을 활용해 유익한 데이터를 획득하고, 그 데이터로 오프라인 '아마존 북스'에 힘을 실어주어 스스로 책장을 넘기는 체험을 하고 난 뒤 가장 마지막으로 구입할 수 있도록 도와주는 것이다.

당신이라면, 어떻게 당신의 상품을 정보가 지닌 온라인의 고효율과 오프라인의 체험을 융합하고 거래구조를 개선하여 뉴 리테일 단계로 나아갈 것인가?

제3절

데이터에 의한 여신력을 임파워먼트로 만든
온라인 결제시스템

▶모바일 결제가 가져온 전에 없던 편리함

정보 흐름의 시점에서 온라인과 오프라인의 유통은 각각 독자적인 우위성을 가진다. 그렇다면 돈의 흐름, 즉 결제의 측면에서 온라인과 오프라인은 어디가 어떻게 다를까?

인터넷에서의 결제시스템은 어떤 우위성이 존재할까?

단번에 알 수 있겠지만, 그것은 '편리성'이다.

지하철역에서 코카콜라를 사고 싶을 때 예전에는 자동판매기를 찾았다. 자동판매기의 구조는 꽤 복잡하다. 우선, 지폐가 진짜인지 위조인지를 식별해 위폐인 경우 뱉어내게 하고, 거스름돈을 정확하게 반환할 수 있는 정밀한 설비가 필요하다. 그러나 아무리 정밀한 설비에서도 때로는 위조지폐를 식별할 수 없거나, 거스름돈을 틀리거나 하기 때문에 구입 프로세스로서는 꽤 번거롭다.

2011년 5월 중국 중앙은행인 인민은행은 제1회 제3자 결제 허가증의 취득리스트를 발표했다. 27개 사가 제3자 결제 서비스 취급자격을 취득하였고, 알리페이도 그 리스트에 포함되었다.

그해 10월, 알리페이(Alipay)는 스마트 폰 QR코드를 스캔하여 결제하는 서비스를 개시하며 중국 국내 최초의 QR코드 판독 앱 결제 솔루션이 됐다.

2012년에는 택시 결제 앱이 급속히 부상했다. 택시의 소액, 고빈도의 결세에 있어 QR코드 결제는 매우 궁합이 좋아서 알리페이의 QR코드 결제는 급속히 보급되었다.

이어서, 위챗(WeChat)도 QR코드 결제의 위챗페이(WeChat Pay)라는 서비스를 개시해 택시 결제 앱의 시장에 뛰어들었다.

2014년 중국의 설날인 춘절(春節)에는 위챗의 '훙빠오(紅包)[09]'를 이용한 세뱃돈 칩의 교환이 '춘만[10]'을 지나도록 매우 활성화되었다.

모바일 결제는 알리바바와 텐센트의 주도하에 결제 시장을 석권했고, 지불 절차는 매우 심플해졌다. 또, 그 편의성 때문에 이미 완전히 오프라인 결제를 대체하게 되었다.

지금은 군고구마를 파는 노점에서조차 모두 위챗페이나 알리페이를 이용하고 있다. 조만간 노숙자도 시대에 순응하고 육교 위에서 구걸을 하려고 QR코드를 내미는 장면을 볼 수 있을지도 모르겠다.

현재의 자동판매기를 보자. 그 대부분이 QR코드를 스캔하는 결제 방법을 채용하고 있다. 원하는 상품을 골라 스마트폰에서 QR코드를 스캔해 클릭만 하면 상품이 나온다. 아주 간단한 데다가 위폐를 식별할 필요도, 거스름돈을 받을 필요도 없다. 온라인 결제, 특히 모바일

---

09) 훙빠오(紅包): 춘절에 새뱃돈을 담아주는 붉은 봉투로 춘절의 상징이다. Lucky Money 기능, 세뱃돈을 디지털 송금할 수 있는 기능을 담았다.

10) 춘만: '춘제련환만회'의 약어, CCTV의 카운트다운 이벤트 프로그램으로 한국으로 치면 제야의 종을 타종하는 행사로 매해 마지막 날 저녁에 방송한다.

결제는 우리에게 유례없는 편리성을 가져왔다.

▶내가 먼저 대금을 지불할 것인가, 네가 먼저 상품을 발송할 것인가

하지만 온라인 결제에도 약점은 있다. 오프라인에 비해 신용성이 떨어진다는 점이다. 돈을 지불하는 것과 상품을 받는 것은 형제와 같은 것으로, 신용의 메커니즘이 발달하지 않은 장소에서 그들은 보다 밀접한 관계가 된다.

예를 들면, 옛부터 자주 말하는 '대금과 물건을 동시에 교환하는 것', 이것은 어떤 방식일까?

돈은 나에게서 당신에게 흐르고, 물건은 당신에게서 나에게로 흘러온다. 그렇다면, 먼저 대금을 지불할 것인가, 아니면 먼저 상품을 건네줄 것인가?

누구도 상대를 믿을 수 없기 때문에 동시에 교환하자는 것이 오프라인 유통의 가장 큰 장점이었다. 지금까지의 유통업의 결제와 물류의 형태는 동시에 쌍방향으로 진행했다.

당신이 쇼핑센터에서 상품을 구매하는 것도, 레스토랑에서 식사하는 것도, 또 자판기로 코카콜라를 사는 것까지 기본적으로 모두 돈과 상품의 동시 교환이었다.

이윽고 인터넷이 등장했다. 인터넷 쇼핑은 우리에게 효율적인 정보를 제공한다. 그 제공 방법은 보다 빠르고, 보다 완전하며, 보다 저렴하다. 그러나 이로 인해 돈과 상품은 잠시 헤어지게 되었다.

구매자와 매도자가 한 자리에 있지 않음으로서 돈과 상품의 동시 교환이 힘들게 되었고, 거기서 내가 먼저 대금을 지불할 것인지, 아니면 상대가 먼저 상품을 발송할 것인지, 약정이 필요하게 되었다.

공교롭게도 대금지급과 상품발송이라는 두 가지 행동은 동시에 진행할 수 없게 되었다.

▶오프라인 거래는 역시 신용할 만하다

여기서 신용이라는 문제가 나온다. 직접 대면이 가져오는 신용성이야말로 현재에 이르기까지 일관되게 존재하는 오프라인 유통의 절대적인 우위성이라는 것을 오프라인 유통 스스로가 깨달아야 한다.

노인들 대부분이 인터넷에서 쇼핑을 하려고 하지 않는 것은 온라인 결제의 안전성을 불신하기 때문이기도 하다.

신원을 알 수 없는 상대와의 거래로 인한 신용성의 결여는 e커머스를 엄격하게 제약하고, 발전의 방해가 되었다. e커머스에 있어서 신용 문제의 솔루션은 항상 가장 중요한 과제였다.

1990년대 미국에서는 이미 e커머스가 탄생했다. 그러나 신용성의 결여로 인해 구매자의 대부분이 자신의 신용카드 번호 등 개인정보를 만나본 적도 없는 판매자에게 알려 주고 싶어 하지 않았다.

신용카드로 온라인 결제를 할 경우에는 카드번호, 카드 명의자 이름, 유효기간, 카드 뒷면에 있는 세 자리 수의 CVC 보안코드까지 입력해야 한다. 거래 상대는 이러한 정보를 수집하고 저장하지 않는다고 하는데 그 말을 믿고 입력해도 될까?

　거기서 미국에서는 e커머스 발전이 현금흐름의 변혁을 일으키고, 이 변혁은 한층 더 e커머스 발전을 이끌었다.

　이 변혁을 이끈 것은 바로 엘론 머스크다. 그는 전기 자동차 테슬라와 로켓개발 스페이스X의 창업자로 아이언 맨으로 불린다.

▶페이팔과 알리페이의 공헌과 한계

　1998년, 엘론 머스크는 공동 창업자와 함께 이제는 세계적으로 유명한 온라인 결제 서비스 페이팔을 설립했다. 페이팔 프로세스는 개인정보를 완벽한 보안 체계하에 관리하여 정보 유출이나 악용을 두려워하는 구매자들의 걱정을 없앴다.

　e커머스의 거래를 최적화하고 인터넷 쇼핑몰의 안전성을 향상시킨 페이팔은 순식간에 세계를 휩쓸었고, 2002년 10월 e커머스의 거두인 이베이에 15억 달러에 인수됐다.

　페이팔은 인터넷 쇼핑의 신용상의 문제를 해결하는 중요한 도구다.

　중국은 인터넷의 '신용구축'에 5년가량 뒤처지고 있었지만, 시가총액 5,000억 달러의 기업인 알리바바가 그것을 해냈다.

　2003년 10월 18날 타오바오는 첫 알리페이의 결제 서비스를 시작했다. '담보 거래'의 로직을 바탕으로 한 알리페이는 알리바바의 전체적인 성공을 위한 가장 중요한 전략으로 여겨졌다.

　'담보 거래'란 무엇인가? 담보 거래란 서로의 거래에서 신용의 문제를 해결하기 위한 일종의 수단이다.

타오바오의 담보 거래를 보면, 구매자가 상품을 주문할 때 먼저 상품대금을 지불하기는 하지만, 이 대금이 매도자의 은행 계좌에 바로 입금되지 않고 일단 알리페이의 은행 계좌에 예치된다.

알리페이는 입금이 확인되면 매도자에게 통지하고 상품을 발송하도록 한다. 매도자는 대금이 지급됐다고 안심하고 상품을 발송한다.

구매자는 상품 수령 후 상품에 문제가 없음을 확인하고 나서 수령 확인을 클릭한다. 그러면 알리페이는 계좌에 보관하고 있던 대금을 매도자의 은행 계좌로 송금한다.

이와같이 담보 거래에 근거하는 알리페이의 서비스가 개시되며 구매자는 겨우 안심하고 인터넷 쇼핑을 즐길 수 있게 되었다.

왜냐하면, 구매자에게는 받은 상품에 만족하지 않으면 '수령 확인'을 클릭하지 않으면 되기 때문이다. 구매자는 대금을 지불하지 않고 반품할 수 있는 권리가 있는 것이다.

판매자는 파손된 상품이나 일부 스크래치 상품 등을 적당히 감춰서 보낼 수 없어졌고, 높은 신용성이나 성실성이 필요하게 되었다.

만약 구매자가 수령 확인을 누르지 않아 대금이 지불 되지 않거나 반품을 당하면, 모든 작업이 헛수고가 된다. 이러한 알리페이의 등장은 인터넷에서 판매자의 '신용도 매커니즘' 구축에 큰 영향을 주었다.

미국의 페이팔과 중국의 알리페이, 이 두 가지의 '보물'로 인하여 e커머스의 '신용도'는 크게 높아졌다. 하지만, 현재 거래(송금 이외)에서 이용되는 온라인 결제는 그 대다수가 아직 소액결제로, 고액결세가 필요한 경우에는 아직도 많은 사람이 오프라인을 이용하여 결제하고 있다.

왜 그럴까? 역시 아직 염려가 있기 때문이다.

만일, 거래 상대가 사기꾼으로 상품을 발송하지 않는다면? 금액이 크지 않으면 그냥 속았다, '운이 없네!'라며 포기할 수 있을지도 모른다. 하지만, 고액의 경우는 그럴 수 없다. 이것은 '잔돈심리'이다.

▶잔돈심리란 무엇일까?

경제학에서 '멘탈 어카운팅('심리회계'라고도 한다)'이라는 매우 중요한 개념이 있다.

시카고 대학 행태경제학의 리처드 탈러(Richard Thaler)교수가 처음 주장한 개념인데, 이 개념으로 그는 2017년 노벨 경제학상을 수상했다.

탈러 교수는 지갑과 같은 실체가 있는 계정과목 외에 사람의 머릿속에는 별도로 '마음의 계정과목'이 있다고 말한다. 사람들은 현실에서 객관적으로 같은 가격의 지출이나 수입을 심리적으로는 다른 계정과목으로 번역한다.

예를 들어 하루하루 고생해 얻은 월급은 '근로소득'으로, 연말 상여금은 부가 혜택으로 받는 '포상금'으로, 복권에 당첨된 상금은 '뜻밖의 소득'으로 번역한다.

마음속의 계정과목과 비슷한 것 중, 한가지가 더 있다. '잔돈'이다.

당신의 지갑에 100위안 지폐가 1장 있다고 해보자. 지폐를 내기가 아까워서 쓰기 싫겠지만, 10위안의 물건을 구매하게 되었고 거스름돈으로 받은 90위안의 잔돈은 아마 바로 쓰게 될 것이다.

이처럼 큰돈의 경우 소비를 신중히 고려하지만, '잔돈'은 심리적으로 저항 없이 사용할 수 있다.

멘탈 어카운팅의 개념이나 잔돈 심리를 이해하면 왜 온라인과 오프라인에서 모두의 쇼핑 습관에 일정한 구분이 존재하는지 이해하기 쉽다.

온라인 쇼핑에서는 복잡한 정보(체험)를 얻을 수 없고, 결제와 물류도 동시 진행되지 못해 일관되게 신용성이 결여되어 있지만, 그래도 상대적으로 '잔돈'에 가까운 금액인 소액이라면 온라인에서 '시행착오'를 겪더라도 구매하고 싶은 것이다. 어쨌든 아직은 오프라인의 쇼핑이 온라인 쇼핑보다 더 큰 신뢰도가 있는 것은 분명하다.

페이팔과 알리페이의 비즈니스 모델은 양쪽 다 제3자의 역할을 수행한다. 구매자는 상품대금을 제3자에게 송금하고, 제3자는 입금확인이 되면 판매자에게 상품 발송의뢰 통지를 한다. 구매자의 상품 수령을 확인한 후, 제3자가 판매자에게 상품대금을 송금한다.

구매자와 매도자 사이의 불신을 조금이라도 덜어내려고 페이팔이나 알리페이가 등장했음에도 불구하고, 아직도 사람들은 온라인 거래에는 오프라인의 '대면 거래' 정도만큼 신뢰할 수 있다고는 생각하지 않는다.

노인층 대부분이 인터넷 쇼핑을 선호하지 않는 것도 이 새로운 쇼핑 방식을 이해하지 못하는 이유가 아니라, 오프라인이라면 가게는 늘 거기에 있고, 언제든지 돈을 들고 가면 물건을 살 수 있으며, 만일 문제가 발생해도 가게가 쉽게 없어지지 않으므로 안심이기 때문이다.

그것이 고액 상품이면 더더욱 그렇다. 가령 실제 오프라인 매장에서 수십만 위안에 판매되고 있는 명품 손목시계가 인터넷에서는 단 2만 위안에 판매되고 있는 경우에도 인터넷에서는 구입을 주저하게 된다.

그럼 대체 얼마만큼의 금액을 잔돈, 즉 소액이라고 볼 수 있는가?

대략 200위안(34,000원) 이하이다. 그간 타오바오 거래에서 축적된 데이터를 보면 거래가 가장 집중되는 것은 거래액 100~200위안(17,000~34,000원)쯤이었다. 이는 상품의 품질에 관계없이 보편적으로 허용되는 '소액'의 금액 범위다.

위챗 '홍빠오'의 송금 한도액도 200위안(약 34,000원)이다. 왜 2,000위안(약 340,000원)이 아닌 걸까?

일부 돈이 많은 사람들은 2,000위안 이하의 금액이 소액이라고 할지 모르지만, 대다수의 사람들은 200위안 이하의 금액을 소액으로 인식하고 200위안이 넘어가면 고민한다.

한 가지 예를 보자.

2017년 11월 10일에 뉴욕 증권 거래소에 상장한 온라인 대출 서비스 플랫폼, 파이파이다이(ppdai.com)의 첫 회 대출 한도액은 그 누구라도 일률적으로 3,000위안이다.

사용자는 대출을 사용하고 상환하는 과정을 통해 점점 스스로의 신용을 쌓을 수 있고 더 많은 금액을 빌릴 수 있다.

보고서에 따르면 파이파이다이 대출을 이용하는 사용자의 한 명당 평균 대출 금액은 2016년 전기는 2,795위안, 2017년 전기는 2,347위안으로 평균 대출 기간은 각각 9.7개월, 8.2개월이었다. 파이파이다이 대출 서비스의 일 인당 대출액은 비교적 낮다는 것이다.

왜 각 사의 온라인 융자의 플랫폼에서는 소액 대출을 메인으로 하고, 오프라인 은행에서는 수십만 위안에서 수백만 위안 단위의 거액 대출을 해주는 것일까?

그것은 온라인 신용 메커니즘이 아직 완전하게 구축되지 않았기

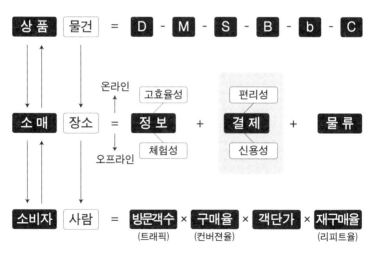

표 2-2

때문이다.

오프라인에 비해 신용성이 결여되어 있기 때문에 온라인 대출에서는 소액거래가 많아지고 고액거래에 대해서는 심리적 장애가 생긴 것이다.

그러므로 오프라인의 소매유통은 제대로 온라인을 마주 보고, 자신의 '신용성'이라는 특이성을 인식하고 고액거래에서 경쟁 우위성을 확립하고 전략을 세워야 한다. (표 2-2 참조).

▶ 빅데이터로 새로운 신용을 구축하는 '뉴 리테일'

여기서 문제다. 온라인의 편리성과 오프라인의 신용성을 결합시킬 수는 없는 것일까? 물론 가능하다. 데이터가 현금흐름에 힘을 실어주고, 편리성에 신용성을 더하는 것이다.

이것이 본 장의 테마, '데이터 임파워먼트'이다.

대면 거래와 같은 방식이 아니면, 거래를 하는 양측 모두 서로 불신감을 갖는다. 이것은 신용성 문제의 근원이다. 그렇다면 신테크놀로지, 예를 들어 빅데이터를 이용하여, 이쪽(예를 들면 매도자)이 상대방(예를 들면 구매자)을 신용할 수 있도록 할 수는 없을까?

만약 거래 전에 신용하도록 만들 수 있다면, 판매자는 구매자의 신용 리스크를 걱정할 필요없이 안심하고 상품을 발송할 수 있을 것이다.

2014년초, 징둥그룹은 가상의 신용카드 사업인 '징둥전표(京東白条)'를 발표했다. 이것은 '선소비, 후지급'(먼저 쓰고 나중에 지불한다)이라는 결제의 힌 모델로, 오프라인에서 이미 사용하고 있는 신용카드의 '온라인판 가상 신용카드'이다.

개인 사용자용의 신용 거래 상품으로, 이용자는 최장 30일 후에 무이자로 후지불하거나, 3~12개월 할부 중 하나를 선택할 수 있다.

첫 번째 공개 테스트에서는 50매를 상한으로 이용 한도를 최고 15,000위안으로 설정하였는데, 순식간에 소비자들의 인기를 끌었다.

왜 징둥은 당신에게 먼저 상품을 주고, 최장 30일 후에 무이자로 청구가 가능할까? 그건 당신이 반드시 대금을 갚아줄 거라고 믿기 때문이다. 그러면, 어째서 당신을 믿을 수 있는 것일까? 그것은 빅데이터의 분석 결과가 당신은 신뢰할 수 있는 인물이라고 나타내고 있기 때문이다.

만약 당신이 이용 한도액 15,000위안의 '징둥전표'(가상의 카드)를 원한다면, 적어도 지난해의 소비총액이 이를 넘어야 한다.

소비 빈도, 소비액, 소비 카테고리 및 1회당의 최고 소비액 등의 데이터는 모두 당신이 '징둥전표'의 취득 조건을 만족하는지 및 이용 한도액을 설정하는 심사의 기준이 된다.

징둥은 데이터에 근거하여 분석하고 여러분의 이용 한도액은 2,000위안, 혹은 8,000위안, 혹은 1만, 2만 위안 등과 같이 설정한다.

징둥그룹이 이 서비스를 개시한 1개월 후, 알리페이도 신용 지불이 가능한 '후아베이(花唄)'를 발행하고, T몰의 할부서비스를 제공하기 시작했다. 또 대형 가전 판매점인 쑤닝전기(蘇寧電器)의 전자상거래 사이트 쑤닝이거우(Suning.com)도 카드결제 서비스를 도입했다.

사실 이들 상품의 본질은 '가상 카드'로, 사용자는 인터넷 쇼핑 시에 후불이 가능하며 지불 기한이 지나면 일정한 연체이자를 물어야 한다. 징둥전표와 같은 서비스는 대학생을 중심으로 인기를 얻었다. 징둥전표의 서비스 개시 후, 많은 대학생이 티슈조차 이 서비스를 이용해 산다고 한다.

징둥이 대학생을 대상으로 제공하는 '전표'의 이용 한도액은 3,000~5,000위안(약 51~85만원)이다. 대학교에 재학 중인 학생들의 경우, 개인 신용기록이 아직 사회의 신용시스템과 연결되어 있지 않고 은행도 학생들에게는 신용카드를 잘 발급해주지 않는다. 하지만 빅데이터는 이들 대학생도 이 서비스의 사용자가 될 수 있다고 판단했다.

이것이 온라인의 빅데이터를 이용한 새로운 모델인 것이다.

▶결제가 빅데이터에 의해 편의성과 신용을 동시에 갖추게 되었다

어떻게 징둥그룹은 이런 일을 실현할 수 있었을까?

그것은 역시 데이터다. 상세한 데이터는 면접보다도 정확하게 그 사람을 묘사한다. 데이터에 의해 힘을 얻은 모바일 결제는 편리함이라는 기반 위에 신용성을 갖추어 뉴 리테일의 진화를 이루었다.

소비자 금융서비스 외에도 위챗과 알리페이는 더더욱 빅데이터를 활용하여 '웨이리다이(개인대상 소액신용대출)', '제베이' 등의 캐싱(소액대출) 서비스를 시작했다. 소비자의 소비 데이터를 분석해 신용 모델을 구축하고 이에 상응한 대출액을 산출하는 것이다.

웨이리다이와 제베이에서는 왜 무담보로 차입할 수 있는가? 그것은 빅데이터가 산출하는 신용이 있기 때문이다.

2017년, 중국에서는 수많은 민간 금융업자에 대한 엄격한 단속이 있었다. 정리할 수도 없을 정도의 많은 민간업체가 고위험을 수반하는 무담보 대부업무에 손을 뻗었고, 끝내 회수하지 못해 폭력적으로 독촉하는 등 사회질서에 큰 영향을 미쳤기 때문이다.

민간 금융업체의 문제는 위챗이나 알리페이에 비해 '신(信)'이라는 한 글자가 빠진 것이 핵심이다.

이 '신(믿음)'이란 데이터 임파워먼트로부터 나온다.

데이터가 현금흐름에 힘을 더한다. 그 핵심은 데이터에서 나온 신용에 기초하여 온라인의 신용성을 높이는 것이다.

어떤 방법으로 데이터를 활용해 신용도를 높일 수 있을까? 알리페이의 즈마신용(ZHIMA CREDIT)은 하나의 좋은 예다.

즈마신용은 개인신용평가 시스템이다.

즈마신용은 그 사람의 신분특성, 이행능력, 신용이력, 교우관계 및 소비기호의 5가지 관점에서 수집한 데이터에 근거하여 차트를 작성하고, 이 스코어로 신용도를 평가한다(350~550점: 낮음, 550~600점: 보통, 600~650점: 양호함, 700~950점: 매우 우수).

나 자신을 예로 들어보면 내 신용 점수는 829점으로 '매우 우수'에 속한다. 사실 신용 점수가 600점을 넘으면 여러 가지가 가능하다. 후아베이나 제베이, 알리트립(Alitrip)의 제휴 호텔에서 신용 서비스를 이용하면 '보증금을 걸지 않고' 숙박할 수 있다.

예전에 호텔에 투숙할 때는 프론트에서 체크인할 때 신분증을 복사하고 신용카드로 결제를 해야 했다. 숙박자가 숙박 후에 결제를 하지 않고 도망가는 것을 방지하기 위해 신용카드로 보증금을 결제하는 것은 매우 중요한 프로세스였다.

지금은 데이터와 테크놀로지 아래, 신용 점수가 600점 이상이면 인터넷에서 호텔 예약 시 바로 룸넘버가 나타나고 방 출입구에 있는 QR 코드를 스마트폰으로 스캔하기만 하면 숙박이 가능하다.

체크아웃도 스마트폰으로 가능하고, 숙박요금은 직접 알리페이 계좌에서 결제된다. 영수증이 필요할 경우엔 전자영수증을 발급받을 수 있다. 체크인부터 체크아웃까지의 프로세스를 프론트에서 진행하지 않아도 되는 것이다. 즈마신용에서 고득점을 받는 것은 호텔 측에 숙박요금을 제대로 결제할 것이라는 증명이 되는 것이다.

2017년 자전거 쉐어링 서비스처럼 치열했던 큰 전쟁에서도 보증금에 대한 논쟁은 그칠 줄 몰랐다.

공유한 자전거를 그대로 반납하지 않을까 걱정했다. 그럼 보증금을 지불하자. 하지만 보증금을 반환받지 못하면 어쩌지? 그때 자전거 쉐어링 서비스를 하던 대기업, 오포(ofo)는 즈마신용과 제휴하기로 했다.

즈마신용의 신용 점수가 650점 이상인 사용자는 보증금 없이 쉐어

렁 자전거 서비스를 이용할 수 있다. 또, 일리트립노 스마신용과 함께 '신용비자' 서비스를 제공했다. 즈마신용의 신용 점수가 700점 이상이면 비자를 신청할 때에 재직 증명서, 개인 인적사항 기입표, 호적증명, 신분증 사본 등의 번잡한 서류가 불필요해진다. 요컨대, 온라인의 신용도는 데이터로 인해 크게 향상된 것이다.

징둥전표, 알리페이의 후아베이, 제베이, 즈마신용, 텐센트의 웨이리다이 등 데이터로 임파워된 온라인 결제시스템으로 소매가 편리성이나 신용성의 어느 한쪽을 선택할 필요가 없어진 것이다.

제4절
물류를 고속화하고 '뉴 리테일'의 기반을 구축하다

▶집에 있는데 전 세계의 좋은 것들이 당신에게 온다

온라인 정보의 고효율성과 결제의 편리성, 오프라인 정보의 체험성과 결제의 신용성은 앞으로도 계속 줄다리기를 펼쳐 나갈 것이다. 지금은 아직 최종 승패에 대한 결론을 낼 수 없다. 왜냐하면, 소매의 '장소'에 있어서 또 하나의 요소가 급속히 진화하고 있기 때문이다.

그것은 물류다.

온라인과 오프라인에서 물류에 명확한 차이는 존재하는가? 물론 존재한다. 온라인의 '광범성(広範性)'과 오프라인의 '즉시성'은 현재 치열한 경쟁을 벌이고, 연계도 하고 있다. 물류의 광범위성을 판단하는 가장 중요한 지표는 '속력(속도)'이고, 즉시성을 판단하는 가장 중요한 지표는 '근(거리, 근처)'이다.

이 '속(速) VS 근(近)'의 경쟁과 제휴에 의해서 생기는 현상에 대해서 지금부터 알아보자.

슈퍼든 백화점이든 오프라인 소매업태는 모두 사람이 이동해서 상품에 접근한다. 물류를 방향성으로 구별하면 '사람이 물건을 찾는다'고 한다. 물건은 가능한 모든 방법을 동원하여 당신에게 다가간 후, 당신이 발견해 주기를 기다리는 것이다.

물건을 찾아내는 것에는 약점이 하나 있는데, 이는 거리 제한의 영향을 매우 크게 받는다는 것이다. 사람의 생활권은 한정되어 있어 그 안에서 발견되는 상품은 지극히 적다.

'타오바오는 만능으로, 상상하는 것 이상의 다양한 물건을 살 수 있고 팔지 않는 것은 없다'고 모두가 감탄하는 것은 현실 생활에서의 행동반경 안에서는 그만큼 많은 것을 접촉할 수 없기 때문이다.

그런데 이제 e커머스 시대가 되어, 사람이 물건을 찾음으로써 물건이 사람을 찾을 수 있게 됐다. 인터넷에서 상품을 주문하고 집에서 기다리기만 하면 물건이 당신의 품으로 이동해 온다.

사람의 행동반경은 제한되고 일반적으로 넓다고 해도 도시의 절반 정도일 것이다. 하지만 물건은 다르다. 지구 뒤편에서도 당신의 품으로 달려와 '행동반경=지구의 반경'이 된다.

인터넷의 e커머스는 물류에 있어서 이러한 변화를 가져와 광범위성을 실현했다. e커머스가 고도로 발달한 지금, 전 세계 각지에서 '물건'이 '사람'을 향해 날아오듯 찾아온다. 사람들은 집에 있으면서 세계 어느 나라에서도 구매할 수 있다.

사람이 물건을 찾을 경우(직접 상점에서 구매) 행동범위가 제한되지만, 물건이 사람을 찾게 되면(배송시스템) 새로운 상황이 생긴다.

전 세계에서 상품이 당신의 품으로 찾아와 중간 단계의 프로세스가 사라져 가격 차이도 없어진다. 이것이야말로 인터넷의 e커머스 물류의 광범위성이라는 우위성이다.

▶기다릴 수 없는 것과 기다릴 수 있는 것

그러면, 오프라인 물류에 우위성은 없는 것일까? 없기는커녕, 종래 소매의 '세 가지 흐름' 중 최대의 우위성이 있다. e커머스 물류가 꿈에서도 갖기를 원하는 능력, 즉시성(即時性)을 갖춘 것이다.

즉시성이란 무엇인가? 즉시성이란, 바로 획득하는 특성으로 현재의 인터넷에 의한 e커머스에는 아직 없다.

예를 들어보자. 저녁 식사를 마치고 근처를 산책하다 보니 속이 더부룩 해지는 것 같아 갑자기 요구르트가 마시고 싶어졌다. 이 경우 당신은 인터넷 슈퍼마켓과 동네 슈퍼 중 어느 곳에서 요구르트를 살까?

인터넷에서 산다고? 그럴 리가 없다. 왜냐하면 인터넷 슈퍼마켓의 요구르트가 당신에게 배달되는 것은 빨라야 이튿날 아침이기 때문이다.

이런 상황이라면 집 근처의 편의점에서 살 가능성이 가장 높다. 원하면 바로 살 수 있기 때문이다. 또한 편의점의 요구르트 값이 대형마트나 EC사이트보다 싸지 않더라도 살 것이다.

이때, 편의점은 매우 드문 특이성, '즉시성'을 제공하고 있는 것이다.

즉시성이 약한 상품도 있다. 냉장고나 텔레비전을 사고 싶을 때, 지금 당장 집에 필요한 것은 아니며 며칠 정도는 기다려도 무방하다.

이럴 경우에는 그 상품이 자기 집에 적절한지를 더 고려할 것이다. 그리고는 e커머스의 광범위성을 이용해 전국, 혹은 전세계로 범위를 넓혀 가장 좋고 최적인 상품을 찾아내려고 할 것이다. 다소 즉시성이

훼손되더라두 말이다.

그렇다면 모든 오프라인 소매에 즉시성이라는 우위성이 있을까? 아니, 그렇지 않다. '원하면 바로 손에 쥔다'는 것은 당연히 사람에게 가까우면 가까울수록 즉시성이라고 하는 우위성이 발휘된다.

5㎞ 이상 떨어진 상권, 예를 들면 월마트, 까르푸, 만달 광장, 쑤닝 전자에서 쇼핑을 한다면 즉시성은 얻을 수 없다. 거기까지 차를 운전 하거나 버스를 타거나 하더라도 적어도 왕복 1시간은 걸릴 것이다.

이렇게 즉시성이라는 강점을 갖지 않는 오프라인 소매가 온라인의 광범위성 충격을 받으면 경영이 어려워진다.

실제로 최근 몇 년간 주택가에서 다소 떨어진 대형마트들은 점점 경영난에 빠지고 있다. 그렇다면, 어떤 오프라인의 소매라면 그 즉시 성의 우위성을 보다 잘 발휘할 수 있을까?

보다 가까운 곳, 즉 살고 있는 거주 단지에서 1㎞ 이내에 있는 '커뮤 니티'이다. 이 커뮤니티 중에서 가장 주요한 업태는 무엇인가?

바로 편의점이다. 대형마트가 수렁에 빠져 있는 것과 대조적으로 편의점의 실적은 여전히 나쁘지 않다. 이것은 편의점이 즉시성을 제 공하고 있기 때문이다.

많은 소매업계의 거두들은 속속 편의점 업계에 뛰어들어 2014년부 터 중국에서 대형 슈퍼마켓을 열어 온 까르푸도 편의점 브랜드 'easy 까르푸'를 중국 시장에 진출시키고 중점적으로 전개하고 있다.

기존 소매는 자만해서는 안되지만 비굴할 필요도 없다. 오프라인의 즉시성이라는 우위성은 기존 소매의 마음을 안심시키지만, 즉시성은 '가까움(近)'을 통해서만 실현된다는 것을 잊어서는 안 된다.

▶빅데이터에서 '빠름'과 '가까움'은 같은 곳을 지향한다

e커머스의 '물건이 사람을 찾는다'는 물류 시스템과, 오프라인의 '사람이 물건을 발견한다'의 운영 로직은 끊임없이 줄다리기를 하지만, 속도와 거리 사이에서 아직 승패가 갈리지 않고 있다. 그리고 이 경쟁으로 만들어진 불꽃은 모두 뉴 리테일의 불씨가 된다.

상상해보자. 당신이 요리를 하고 있는 도중에 갑자기 지금 당장 진강향초(鎭江香酢: 전장향 식초, 식초계 조미료로 중국의 삼대 명초 중 하나)나, 혹은 한국 고유의 조선간장을 사용하려면 어떻게 해야 할까?

반드시 온라인의 광범위성과 오프라인의 즉시성, 양쪽 모두를 겸할 수 있으면 좋겠다고 생각할 것이다.

어떻게 하면 이 두 가지를 겸할 수 있을까. 비즈니스의 관점에서 보면 2가지 방법이 있다.

① 오프라인 상품을 보다 소비자 근처에 둔다. 가까우면 가까울수록 즉시성을 갖는다. 보다 스마트하게 재고를 보유하여 그들이 사고 싶은 상품을 그들의 가장 가까운 곳에 두면 된다.

② 온라인의 물류를 더 빠르게 가속화한다. 인터넷의 광범위성에 의해 어떤 상품도 거의 구입할 수 있지만, 역시 손에 넣기까지의 시간차가 존재한다. 물류 스피드를 더 빠르게 할 수 있다면, 속도로 거리

를 커버할 수 있다.

오프라인 상품을 보다 소비자의 근처에 두거나, 혹은 온라인의 물류 스피드를 빠르게 한다. 이 두 가지 방법은 둘 다 뉴 리테일의 기회다.

구체적으로는 어떻게 하면 좋을까?

우선은 어떻게 상품을 보다 소비자 근처에 둘 것인가를 빅데이터로 현대 물류에 임파워먼트하면 된다. 고객의 구매 행위를 예측함으로써 이들이 주문하기 전에 미리 재고를 준비하고, 이를 이들에게 더 가까운 곳으로 보내 주는 것이다.

매년 더블 일레븐(11월 11일, 독신의 날. 11월 11일에 열리는 세계 최대의 EC의 판촉 행사. 싱글데이 등으로 불린다)은 물류의 '대규모 군사 작전'을 방불케 한다. 알리바바그룹 산하 물류회사 차이냐오 홍헌(菜鳥網絡, Cainiao Network)은 더블 일레븐의 배송전쟁을 이렇게 서술한다.

"더블 일레븐 물류의 배경은 데이터 전쟁이고, 데이터 지휘의 터미널이다."

동문홍의 이 말은 결코 허풍이 아니다.

차이냐오는 더블 일레븐의 3개월 전부터 막강한 데이터 시스템을 통해서 각 물류 회사의 전국 모든 루트에 있는 짐의 수량을 정확히 예측하고, 물류 기업의 '병마미동 량초선행(兵馬未動 糧草先行: 병사를 움직이기 전에 병사의 양식과 말의 여물을 충분히 준비해 둔다는 중국 속담)'을 지원한다. 바로 물류 전쟁이 시작되기 전에 모든 필요사항을 체크하여 확실하게 준비한다는 의미이다.

▶주문에서 배달원이 노크할 때까지 걸린 시간은 불과 7분

더블 일레븐 당일에 쇼핑을 한 적이 있는가?

더블 일레븐 전날까지 원하는 상품을 가상의 쇼핑바구니에 넣어두고(예약행위), 11월 11일 0시 0분이 되자마자 한꺼번에 주문한 적이 있는가? 왜 알리바바가 원하는 상품을 미리 카트에 넣어 두라고 강력하게 권하는지 생각해 본 적이 있는가?

알리바바는 예약된 타오바오의 장바구니 데이터에서 사람들이 어떤 상품을 사서 어디로 발송하고 싶은지를 파악한다. 이것이 최종 데이터는 아니지만, 그다지 엉뚱하지는 않다. 알리바바는 이러한 데이터를 이용해, 물류와 창고에 수량을 산정하여 미리 배치할 수 있게 된다.

중국의 물류 업계 전체가 더블 일레븐의 3개월 전부터 이미 이동이 시작되고 있다. 상품은 소비자에게 가장 가까운 장소에 미리 배송되어 그들의 주문을 기다리고 있으므로, 당연히 주문 이후 배송 속도는 빠르다.

차이냐오의 더블 일레븐 물류 보고에 따르면 물품 수령 확인 시간을 분석한 결과, 2013년 1억 건의 물품 배송 완료까지 9일, 2014년에는 6일, 2015년은 더욱 빨라져 4일, 2016년은 그보다 더 가속화하여 3.5일이 걸렸고, 2017년에는 불과 2.8일 내에 모든 배송을 완료했다.

징동도 상품을 소비자와 더 가까운 곳에 두는 데 주력하고 있다.

창업자 류징동은 CCTV 기자와의 인터뷰에서 2016년 징동 그룹 창립일인 6월 18날을 기념하여 매년 개최되는 대규모 할인행사인 '618구매절(購物節)' 당시, 어떤 소비자가 스마트폰을 구매하였는데, 주문 순간부터 배달원이 구매자 집의 문을 노크할 때까지 걸린 시간은 불과 7분이었다고 말했다.

7분! 가능한 이야기인가?

출하 작업만도 7분 이상은 걸릴 것이다. 사실 이는 데이터의 마력(魔力)이다. 진동은 빅데이터로부터 각 지역의 수요가 있는 주류 상품을 분석했고, 이 아파트에는 이 스마트폰에 대한 수요를 가진 거주자가 있다고 예측한 것이다.

그가 주문하기 전에 그 스마트폰은 이미 이 영역의 배송 거점으로 배달되어 그의 바로 근처에 보관 되어 있었던 것이다. 그의 주문을 받고, 배달원은 즉각 배송을 시작하여 불과 7분 만에 그에게 도착했다.

예측 쇼핑을 그저 장난에 불과하다고 생각하지 않았으면 한다.

아마존은 좀 더 일찍 데이터를 활용한 예측 쇼핑에 눈을 떠, 2013년 12월 '예측 출하' 특허를 획득했다.

특허 문서 내용 중에 아마존은 인터넷 쇼핑의 가장 큰 장애물은 상품의 배송시간이 너무 길다는 것이라고 표명하고 있다.

이 특허를 통해 아마존은 소비자의 과거 주문 이력, 상품 검색 기록, 원하는 목록, 쇼핑 카트, 나아가 사용자의 마우스가 어느 상품 위에 얼마나 있었는지 등등을 분석해 소비자가 주문하기 수 주일 전에 이들이 구입할 가능성이 있는 상품을 소비자로부터 가장 가까운 물류창고로 배송한다. 상품을 보다 소비자와 가까운 곳에 두고 소비자가 주문

확정을 클릭한 순간, 상품을 빠르게 보낸다.

아마존의 비전은 한 권의 새 책이 출판된 어느 날, 구입 의사가 있는 독자가 그날 주문해서 당일에 받아 보고 그날, 그 책을 읽을 수 있게 하는 것이다.

어느 작가의 애독자라서 그 작가의 신작이 나온다면 분명히 그 독자가 주문하리라는 것을 데이터로 알아내고, 책이 출간되자마자 그 독자 근처 가장 가까운 물류창고에 배치한 뒤 그 독자의 클릭만 기다리고 있는 것이다.

▶속도를 드론으로 단축하다

다음으로 어떻게 물류 자체를 스피드업할까?

아마존이나 진동 등은 드론 배송이라는 새로운 서비스를 시작했다.

드론 배송 아이디어는 아마존의 CEO 제프 베조스가 먼저 말했다.

2013년 12월 1일, 미국 CBS 방송과의 인터뷰에서 베조스는 미래의 계획을 밝혔다.

아마존은 장래에는 UPS(United Parcel Service: 특송 배송사)나 페덱스의 이용을 멈추고, 옥토콥터 드론을 이용해 고객에게 상품을 배송할 것이라고 발표한 것이다.

당시에 이 말을 들은 사람들은 이것이 단순한 프로모션을 위한 농담일 뿐이라고 생각했다. 그러나 드론 배송 서비스 프로젝트인 아마존 '프라임 에어'에서는 결코 농담이 아니었고, 베조스도 매우 진지했다.

2015년에 영국 케임브리지 근교에서 드론 시험 비행을 하고 2016년 12월 6일에는 첫 드론 배송을 실시했다.

한 손님이 상품 '매콤한 팝콘 1봉지'와 '아마존 TV 선용 튜너'를 주문했고, 13분 후, 그의 집 마당에 상품이 배달됐다.

e커머스가 미국보다 더 발달한 중국에서 인터넷 기업이 당연히 이 배송의 속도 향상이라는 기가 막힌 아이디어를 놓칠 리 없다.

2016년 6월 진동은 장수성 쑤첸시에서 드론 배송의 첫 시험 운전을 실시했다. 직선거리로 약 5㎞, 편도 약 10분 일정의 시운전에서는 적재량 10~15킬로의 세 가지 타입의 드론을 선보였다.

또, 2017년 2월 진동은 산시성 정부와 전략적 제휴를 맺었다. 양측이 연계하여 세계 최초의 반경 300㎞의 저공 드론의 운행 물류 네트워크를 구축하는 것이다. 이 네트워크는 산시성 전역을 커버하는데, 바로 인터넷 쇼핑 상품을 배송하는 것이다.

중국에서 이처럼 드론에 주목하는 것은 넓은 땅과 많은 인구를 기반으로 물류의 강자가 속도까지 갖추게 되는 것을 의미한다.

사실 2013년에 이미 드론에 의한 상품 배송을 시험적으로 실시했었다. 중국은 공공사업체인 우편국을 이용하여 우편배달을 드론 배송으로 시험했는데, 마을에서 마을로의 인건비 삭감을 시도했다.

2016년 4월 중국 우편국은 드론 물류 서비스의 스타트업 기업과 제휴하여, 5개월 후 저장성 안지현 수갱해진에서 첫 시험 운전을 실시했다.

물류의 속도를 높이려는 e커머스의 탐구는 멈추지 않는다.

2017년 진동의 '618구매절'에 중국 인민 대학 등의 캠퍼스에 무인 반송 차를 내놓았다. 또, 진동과 알리바바의 일부 창고는 로봇에 의한 물품의 구분이나 운반을 이미 실현하고 있다. 그리고 알리바바는 '국내 24시간, 해외 72시간 안에 도착'이라는 물류 전략을 발표했다.

상품 재고를 보다 가깝게 두어 배송을 스피드업 시킨다.

데이터 임파워먼트를 통해서 물류의 '거리와 속도'는 지금 확실히 길은 다르지만 필요한 목적지에 도달하여, 뉴 리테일의 가장 견실한 기반을 쌓아 올리려고 하고 있는 것이다.

빅데이터는 오프라인 소매유통의 구원군

▶악화일로의 소매점을 구할 수 있을까?

2017년 8월 28일 알리바바 산하의 상품유통 플랫폼인 링 샤오 톤(零售通)은 T몰 영세 점포인 T몰 스토어를 항저우시에서 정식으로 오픈한다고 발표했다. 그 일호점에 뽑힌 것은 중국계 편의점 웨이 준 슈퍼(維軍超市)이다.

중국에는 매우 전통적인 비즈니스 모델이 있는데, 그것은 일반적인 집합주택 지역에 부부가 경영하고 있는 작은 잡화점으로 '소매부(小売部)'라고 불린다. 한국의 골목상권, 또는 구멍가게를 생각하면 된다. 담배와 주류, 차, 사탕, 소금, 간장, 식초, 기름 등을 주로 판매하고, 가까운 곳에 사는 사람들에게 편리함을 제공하면서 소액을 벌어들이고 있다.

최근 몇 년간은 대형 슈퍼, e커머스, 편의점 체인에 의해서 사람들의 구매 습관이 점점 변화해 경쟁력을 잃어가 이들 구멍가게의 경영은 악화일로를 걷고 있다. 구멍가게(소매부) 몰락의 제일파(第一波)는 월마트나 카르푸 등의 창고형 슈퍼였다.

이들 외국계 슈퍼마켓이 중국에 진출한 뒤 대부분의 소모품 가격이 떨어져 많은 사람들은 주말이나 공휴일에 슈퍼마켓에서 대량의 일용품을 한꺼번에 사들이는 일이 습관이 됐다.

이러한 이유로 구멍가게의 고객 이탈이 일어났다. 그리고 이번에는 e커머스의 발전이 대형 마트의 비즈니스를 가져갔다.

비교적 신세대인 젊은이가 중심이 된 소비자군의 소비행위는 점점 랜덤하고 단편적으로 변했다. 이들은 미리 계획적으로 사재기하는 일은 거의 하지 않고 가격을 고려해서라도 한꺼번에 대량으로 사재기하기보다는 집까지 배송해 주는 인터넷 쇼핑을 선택했다. 사실 이들 대형 슈퍼마켓이나 e커머스 산업들과 비교했을 때 상대적으로 구멍가게(소매부)의 물류 시스템 효율이 나쁘다는 것은 바로 알 수 있다.

여러 단계의 업체를 거쳐 들어오기 때문에 상품의 판매가격은 슈퍼나 인터넷보다 비싸고, 품질관리 측면에서도 상품의 품질이 제각각이어서 상품의 질이 떨어져 대형 마트에게 속수무책이었다.

소비자는 절박하거나 긴급 시에 필수품을 사는 것 외에 구멍가게에 가는 것은 거의 없어졌다. 고객과의 가까운 거리는 구멍가게의 유일한 우위성이기는 하지만, 이 강점조차 서서히 세븐일레븐, 하오린쥐(好隣居, 편의점), 패밀리 마트와 같은 편의점 체인으로 대체되었다.

보도에 따르면 편의점 침투율은 2015년은 32%, 2016년은 38%로 늘어났다. 편의점 체인은 서플라이 체인(supply-chain)을 구축하고 있기 때문에 MD(머천다이징)[11] 최적화도 가능하다.

---

11) 머천다이징(merchandising): 수요란 저절로 생기는 것이 아니라 적극적으로 창출해야 한다는 것이 최근 견해로, 수요를 창출하려면 수요자의 행동을 자세히 조사하고 수요를 자극해야 하며 생산원가 등을 고려하여 수요자에 적합한 상품을 제공해야 한다. 다시 말해 '시장조사→상품화계획→선전→판매촉진' 등이 원활하게 이루어져야 수요를 신장시킬 수 있다.

알리바바의 T몰 스토어는 과연 곤경에 처한 동네 구멍가게를 구할 수 있을까?

▶커뮤니티의 소비자군에 정확히 매칭

T몰 스토어는 소비자의 주거지역에서 100~500m의 범위에 있는 부부 경영 점포(소매부, 구멍가게)를 개조하려고 계획했다. 그 1호점인 유군초시(維軍超市)는 이미 8년간 부부가 운영했던 구멍가게이다.

알리바바는 어떻게 개조했을까?

구멍가게에게 알리바바는 다수의 양질의 서플라이어와 제휴한 원스톱 상품유통 플랫폼, 린샤오톤을 제공했다.

구멍가게는 린샤오톤으로 상품을 발주하고, 이것을 T몰이 한꺼번에 배송한다. 알리바바의 구멍가게 개조의 첫걸음은 바로 이들을 위한 서플라이 체인(supply-chain)체제를 구축하는 것이었다.

그 규모는 세븐일레븐의 서플라이 체인 못지않을 것이다.

그 다음으로, 알리바바는 막강한 데이터 수집 능력을 기반으로 점포 주변의 소비자군을 구분했다.

이 T몰 스토어점 부근의 주민은 과거에 타오바오나 T몰에서 쇼핑한 적이 있는가?

과반수는 있을 것이다. 그렇다면 알리바바는 그 소비 데이터에 기초하여 이 점포에서 판매하기에 적합한 상품을 산출할 수 있다.

이것이야말로 빅데이터에 의한 머천다이징(MD)이다.

사실, 세븐일레븐과 같은 체인 브랜드도 예를 들어 북부지역의 경우 면류를 중심으로, 남부지역의 경우 밥류를 중심으로 판매하는 것처럼 상품의 현지화를 최적화하고 있다. 그러나 T몰 스토어의 빅데이터 MD는 보다 정확하고 상세하다.

각 점포의 매장 면적, 오너의 연령, 자금 상황, 주변 1㎞ 이내의 소비자군의 구성에 타오바오에서 수집한 데이터를 결합시키고 어떤 상품이 이 점포가 위치한 커뮤니티에 최적인지를 분석한다.

예를 들어보자.

어느 T몰 스토어점의 주변 주민의 대부분이 인터넷상에서 강아지 먹이를 사고 있다고 하자. 그렇다면 주변에는 애완견을 키우는 사람이 많다는 이야기가 된다. 그래서 이 T몰 스토어점은 주인에게 애완동물 푸드나 애완동물 용품을 판매하도록 권하고, 여기에 이 커뮤니티 주민들이 선호하는 브랜드와 규격까지 자세히 가르친다.

마찬가지로 만약 이 커뮤니티에 영유아가 많다면 상점주인에게 분유와 기저귀, 어린이 장난감 등을 판매하도록 권한다. 이러한 부분에 있어서는 어느 편의점의 체인 브랜드도 흉내 낼 수 없다.

세븐일레븐은 서플라이 체인(supply-chain) 체제의 범위 내에서 판매상품을 선택하지만, T몰 스토어는 알리바바의 EC 플랫폼 전체에서 판매 상품을 선택할 수 있다.

그 취급 품목(SKU=Stock Keeping Unit: 재고관리 최소단위. 상품의 단품 수)의 수량은 세븐일레븐의 서플라이 체인(supply-chain)의 몇 배나 된다.

또 세븐일레븐은 커뮤니티 주변 소비자들이 지난 몇 년간 어떤 제품을 구입했는지, 매일 무엇을 구입하는지 파악하지 못하고 있지만, 알리바바의 빅데이터는 이들을 매우 명확히 파악하고 더욱 징확한 매칭을 할 수 있다. 알리바바는 오랜 기간에 걸쳐 축적된 소매 데이터에서 어떤 소비자 집단도 각 상품 카테고리 안에서 명료한 브랜드 지향이나 품질 지향이 있음을 알 수 있었다.

전통적인 편의점의 프랜차이즈처럼 통일해 브랜드화된 점포 만들기를 하는 것이 아니라, T몰 스토어는 소비자 집단이나 그들의 구매 상품을 상세하게 분석함으로써 진정한 의미에서 '십인십색(十人十色)'을 실현할 수 있게 된 것이다.

▶고객 정보 수집처로 무장한 알리바바

알리바바는 왜, 온라인에서 뛰쳐나와 지역 사회에 진출해서 재차 한 번 더 소매 전쟁을 하려고 할까?

필자는 앞 절에서 오프라인 즉시성이라는 우위성, 커뮤니티에 있는 구멍가게(소매부)의 우위성, 이들은 모두 소비자와의 거리가 가까워 e커머스 물류의 열세를 상쇄할 수 있다고 말했다. 그러므로 인터넷이 점점 발달하는 오늘날 매우 중요한 비즈니스 기반은 커뮤니티가 되는 것이다. 왜냐하면, '가까운 거리'는 즉시성을 의미하고 수많은 고객들의 소비성향을 파악할 수 있는 공급원을 의미하기 때문이다.

당신이 어디서 가게를 오픈하더라도 일정한 자연스러운 사람의 흐름이 생긴다. 그렇다. 이 작은 가게야말로 바로 사람들의 소비습관을 파악할 수 있는 수집처인 것이다.

통계에 따르면 커뮤니티에 있는 소매부(골목상권, 구멍가게)는 전국에 660만 점포가 있다고 한다.

알리바바 그룹의 부총재이자 링쇼우통 사업부의 총책임자, 린샤오 하이는 T몰 스토어의 규모와 전망에 대해 이렇게 말했다.

"각 점포에는 한 달에 약 1,000여 명의 고객이 찾고 있다. 600만 점 포라면 그 가게를 드나드는 수는 6억 명에 달한다. 더구나 이 6억 명은 노인과 어린이가 많으며, e커머스를 이용할 수 없는 소비자군이다."

알리바바는 당연히 이러한 대규모 고객 정보 수집처를 포기하고 싶지 않은 것이다. 알리바바가 무장한 온라인 데이터의 임파워먼트 에 의한 사람들의 소비습관을 파악할 수 있는 수집처, 그것이 T몰 스 토어다.

온라인 데이터는 오프라인으로 임파워먼트하면서 효율을 높였다. 오프라인 점포는 온라인에 새로운 고객정보(트래픽)를 가져와 사용자 를 늘렸다. 그러므로 온라인이 뉴 리테일을 만든 것이 아니며, 오프라 인은 더더욱 아니다.

데이터 임파워먼트에 의해 온라인과 오프라인이 융합하는 것, 이 것이 뉴 리테일이다.

제3장

매장 효율의 한계를 돌파하는 '뉴 리테일'

소매유통이라는 것은, '사람'과 '물건'을 연결하는 '장소'이다.

'장소' 중에서 신테크놀로지가 추진한 정보의 흐름, 돈의 흐름, 물류의 다양한 조합이 뉴 리테일의 호기(好機)를 가져왔다.

여기서 다시, '사람'의 시점에서 소매의 효율을 올릴 찬스를 찾아보자.

사람, 즉 소비자는 소매에 있어서 무엇을 의미하는가?

일체의 비즈니스 기점은 소비자가 이익을 얻는 것으로 소매도 예외가 아니다. 사람이란 소매에 있어서 기점이 된다.

사람(소비자)은 장소(백화점, 슈퍼, 편의점, EC사이트 등)를 통해서 상품과 연결된다. 다른 배경, 요구, 감정, 소비능력을 갖춘 '살아있는' 소비자가 상업시설에 찾아온다.

비록, 사람의 겉모습이 제각각이라 하더라도 우리는 기본적인 비즈니스 논리=퍼체스 퍼넬 공식(구매 퍼넬, 30페이지 참조)을 이용하여 그 '사람'을 이해할 수 있는 것이다.

네 가지 요소에서 매장 효율을 높이는 방법을 궁리한다

▶매출액을 측정하는 '퍼체스 퍼넬[01]'의 공식

앞에서 서술한 것처럼 모든 소매 형태는 퍼체스 퍼넬의 공식에 적용된다.

•매출액=트래픽(사람의 흐름)×컨버전율(구매율)×객단가(1인당 구매액)×리피트율(재구매고객)

이 공식에서 사용되는 것은 e커머스 용어로서, 기존의 소매유통에서 쓰는 언어와 약간 다르다. 우선 이들 개념에 대해 알아보자.

•트래픽 : 온라인에서는 사이트 방문 횟수, 즉 몇 명이 가게에 들어 갔는가를 말한다. 오프라인에서는 사람의 흐름, 또는 고객의 흐름이라고 한다. 사람들이 많이 찾는 가게는 명소 대접을 받는다.

•컨버전율 : 가게에 들어간 손님 중 최종적으로 몇 명이 구매까지 했는가를 나타낸다. 오프라인에서는 구매율이라고 한다.

•객단가 : 고객 한 명당 구매금액이 얼마인지, 얼마만큼 물건을 구입했는지를 나타낸다. 한 사람의 구입액이 클수록 객단가는 올라간다.

•리피트율 : 이 손님이 돌아간 뒤 훗날 다시 이 가게에 올 가능성이 얼마나 될까. 오프라인에선 재구매고객, 또는 단골고객이라고 부른다.

---

01) 퍼체스 퍼넬(Purchase funnel): 구매의사 결정과정. 퍼체스는 '구입', 퍼넬은 '깔때기'를 뜻하며 '구매 깔때기'는 소비자의 구입까지의 의식의 흐름을 뜻한다.

이들 개념은 온라인 e커머스에서도 오프라인 유통에도 매우 중요하다. 그러나 이들 개념을 끌어 올린다는 것은 무슨 의미인가?

온라인의 '트래픽'이나 오프라인의 '고객들'이 구매를 위해 하는 첫 번째 행동을 상상해보자.

구매의 시작은 모든 물품을 보고 본인의 관심사를 향해 좁혀 간다. 시작은 넓고 크지만, 점점 일정 품목의 작은 부분으로 향하는 것이다.

사람(소비자)은 그 부분으로 들어가, 장소(전문점이나 타오바오점 등의 소매업체)와 접촉한다.

소비자가 한 번 장소와 접촉하면 그것은 '트래픽(사람의 흐름)'이 된다. 즉, 하나의 '트래픽'이 **구매 의사 결정 과정**, 즉 **퍼체스 퍼넬(구매 깔**

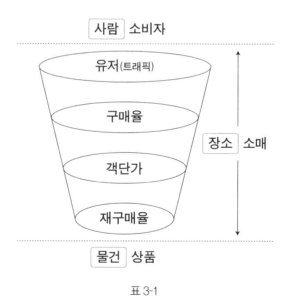

표 3-1

대기)에 들어간 것이 되는 것이다.

가게에 들어간 손님 가운데 최종적으로 상품을 구입하는 사람의 수에는 반드시 일정한 비율이 존재한다. 이때 잠재 고객은 실제 고객이 된다. 이 프로세스가 '구매율(컨버전율)'이다.

실고객 중에도 상품을 많이 사는 고객과 조금만 사는 고객의 차이가 존재한다. 이때 '객단가'가 만들어진다.

구입 후 일정 비율의 실고객은 다시 방문하여 재구매를 한다. 이것이 리피트율이다.

'퍼체스 퍼널'의 이미지 표(표 3-1 참조)를 보면 직관적으로 알 수 있다.

분명한 것은 '매출액=트래픽×컨버전율×객단가×리피트율'의 공식으로 산출한 숫자는 클수록 좋다는 것이다. 여기에서 단점은 퍼체스 퍼널의 공식은 매출액을 산출할 수는 있지만 판매효율을 정확하게 측정할 수는 없다는 점이다.

▶기업의 진정한 능력을 나타내는 효율

예컨대 1,000명의 매출액이 1,000만 위안의 경우와 100명의 매출액이 1,000만 위안의 경우를 비교하면, 그 효율이 분명하게 다른 것을 알수 있다. 거기에는 10배의 차이가 있다.

1,000㎡의 매장 면적의 매출액이 1,000만 위안의 경우와 100㎡의 매장 면적의 매출액이 1,000만 위안의 경우를 비교해도 효율은 10배 차이가 있다.

어떻게 해서 판매의 효율을 측정하는가?

비용 구조의 차이에 근거하여 일반적으로는 '한 명당 매출액=객단가(사람 효율)' 혹은 '매장 효율(평 효율)'로 측정한다.

인터넷 기업은 **'비용 구조와 종업원 수'**가 기본적으로 정비례 구조이다. 한 명당 매출액(사람 효율)을 매우 중시한다. 즉 사원 한 사람 한 사람이 회사의 매상고를 올리는 효율이다. 따라서 인터넷 기업의 퍼체스 퍼널의 공식은 이렇게 된다.

·한 명당 매출액=(트래픽×전환율(객단가×재구매율)÷인원

오프라인의 소매는 온라인과 달리 **'비용 구조와 매장 면적'**이 기본적인 정비례 구조이다.

오프라인에서는 각 점포의 매장 면적이 달라 200㎡의 점포가 있는가 하면 500㎡의 점포도 있다. 이것은 매우 중요한 점이다. 왜냐하면, 매장 면적은 운영 비용을 크게 좌우하기 때문이다.

매출액을 1㎡로 나눠보면 그 점포의 진정한 판매 능력이 나타난다. 1㎡당 매출액을 전문용어로 '매장 효율(평 효율)'이라고 하며, 점포 면적 1㎡당 매출을 창출하는 효율이다.

·매장 효율=(트래픽×컨버전율×객단가×리피트율÷매장 면적)

전세계에서 소매유통의 실제 점포 중에서 매장 효율이 가장 높은 것은 애플의 매장이다.

2017년 7월 시장 조사 회사인 미국 이마케터와 상업 부동산 마케팅의 미국 코스터의 보고에 따르면 애플의 오프라인 점포는 1제곱인치당 5,546달러의 매출액을 올리고 있다. 업계의 속성이 다르면 자연스럽게 매장 효율에도 차이가 생긴다.

다음 표를 살펴보자.

업계	업체명	1제곱인치	1㎡/위안화	1㎡/원화
IT 업계	애플	5,546달러	402,100위안	6,835만원
식품 업계	Reis&Irvy's	3,970달러	287,800위안	4,892만원
주유소 편의점	머피 USA	3,721달러	269,700위안	4,584만원
주얼리 브랜드	티파니	2,951달러	213,900위안	3,636만원
아웃도어 의류브랜드	루루레몬 아스레티카	1,560달러	113,100위안	1,922만원

1m²=약 10·7639in²   1달러=약 6·7362위안 환산   1위안=170원

위의 사례는 전세계에서 가장 퍼포먼스가 높은 오프라인 점포다. 사실 대다수 오프라인 점포의 매장 효율은 이에 크게 못 미친다.

우리는 이 데이터에서 오프라인 소매유통에서의 매장 효율의 중요성을 엿볼 수 있다.

판매 효율의 관점에서 살펴보면 오프라인 점포는 아무리 노력해도 매장 면적 1㎡당 연간 매출이 늘지 않거나 심지어 그 매장 면적의 임대료조차 감당할 수 없는 상황이 자주 발생한다.

이는 이른바 매장 효율의 한계가 최저 월세에 미달하는 것으로 이 업태가 그곳에는 적절치 않음을 의미한다. 오프라인에서는 지역에 맞는 업종을 선택하지 않으면 안 된다는 것은 명확하다.

예를 들어, 야채가게를 상하이의 항룽광장(恒隆広場, 플라자66)에서 한다면 어떨까? 이것은 절대로 해서는 안 되는 것이다. 1개월 매출액으로 하루의 임대료조차도 낼 수 없을 것이다.

반대로, 항룽광장에 있는 쥬얼리 브랜드인 티파니를 주택 지역에서 오픈하면 어떻게 될까? 이것도 마찬가지로 해서는 안 될 것이다. 구경 오는 고객을 한 달간 모아도 항룽광장의 하루의 손님 수에도 못 미친다. 그러니 야채가게는 주택 지역에서, 티파니는 항룽광장에서 각각 운영해야 맞는 것이다.

매장 효율은 오프라인 소매유통의 소구력을 극한까지 끌어낸다고 할 수 있다.

신테크놀로지(예를 들면, 인터넷, 빅데이터, 인공지능 등)가 눈부신 발전을 이룬 현재, 테크놀로지 이노베이션에 의해서 매장 효율을 올리는 방법은 없을까? 매장 효율 혁명을 일으켜 기존 매장 효율의 한계를 돌파할 수는 없을까? 쉽게 말해 '어떻게 해야 더 많은 손님이 더 많은 제품을 사게 할 수 있을까?'이다.

과거의 방식으로 말하자면, **매장 효율을 최대치로 끌어올리려면 '손님은 왕이다(유저 사상)'와 같은 서비스 정신과 '최고의 제품을 최저 가격으로 팝니다(제품 사상)'와 같은 제품의 효율성을 필요로 했다.**

어느 음식점에 '고기를 아끼면 우리는 망한다'라는 구호가 붙어 있었다. 이 구호야말로 '유저 사상'과 '제품 사상'을 적절하게 표현한 말이다. 어쨌든, 매장 효율의 한계를 아주 크게 끌어 올리려면 '거래구조 변화'에 의지할 수밖에 없고 그것은 시대가 주는 고효율 툴(도구)만이 실현할 수 있다.

그렇다면 어떻게 돌파할까?

퍼체스 퍼넬의 공식은 4가지 요소를 상승시킨다. 이 4가지 요소에서 각각 개별적으로 매장 효율을 올리는 방법을 생각할 필요가 있다.

▶고객이 있는 곳에 '퍼체스 퍼넬'을 설치하다

어떤 소매라도 소비자와의 접점이 필요하다. 접점이 없으면 '장소'를 구축할 수 없고, 사람과 물건을 연결할 수가 없다.

고객이 드나드는 점포 입구, 또는 칼같이 노점상이 길거리에서 하는 호객행위, 혹은 T몰의 인터넷 쇼핑몰에서 접속했던 상품 소개 페이지, 위챗 퍼블릭 어카운트의 추천 상품 게재 기사, 콜센터에서 걸려온 상품추천 전화, 고객이 근무하는 오피스 빌딩 아래에서 '마침 근처까지 왔으므로 지금 잠시 방문해도 괜찮겠습니까?'라고 전화하고 나서 바로 방문하는 것 등, 이 모두가 '접점'이라고 말할 수 있다.

이러한 행위들은 모두 접점이며 퍼체스 퍼넬이 촉발되는 지점이다. 접점에서 퍼체스 퍼넬에 들어가는 모든 사람을 '흐름(트래픽)'이라고 부른다. 따라서 **뉴 리테일의 시장 진출 시 오프라인 소매유통 기업**

이 먼저 해야 할 일은 '사람을 모아야 한다'는 생각에서 '사람들이 있는 곳으로 찾아간다'라는 생각으로 바뀌어야 한다.

소위 '잘되는 점포'란 어느 특정의 시간석 현상에 지나지 않고, 특수한 원인으로 형성된 사람들이 모이는 장소에 지나지 않는다는 것을 깊이 이해해야 한다. 즉, 세월이 지나면 흐름이 바뀔 수도 있다는 것을 염두에 두어야 한다. (한국의 이대앞 상권이 쇠락하고 홍대 상권이 뜨는 것을 생각해 보면 알 수 있다.)

사람의 흐름은 물과 같이 왔다 갔다 한다. 영원하지 않다.

소비자가 어디론가 가면 흐름도 그곳으로 흐른다. 사람들의 흐름이 흐르는 곳에 우리가 제 자리를 만들고 자기만의 퍼체스 퍼넬을 설치해 사람들의 흐름을 활용해 물건을 사게 하는 것이다.

예전의 방식이 제자리에 앉아 소비자가 오는 것을 가만히 기다렸다면, 새로운 효율을 적용하여 고객이 있는 곳으로 먼저 다가가야 한다.

테크놀로지의 진보는 과거에 할 수 없었던 일을 실현한다. 현재라면 어떻게 해서 새로운 접점을 만들어내고 새로운 고객의 흐름을 끌어모을 수 있을까?

그중 하나는 온라인 배차 서비스이다.

2017년 12월, 차재 편의점, 모지삐엔(魔急便, Mobile Go)은 GSR벤처스에서 엔젤 투자 1,250만 위안을 받았다. 모지삐엔은 온라인 배차서비스, 디디(滴滴出行, DiDi) 안에 뉴 리테일 컨셉을 활용하여 자신들의 퍼체스 퍼넬을 설치해 흐름을 만들었다. 승객들은 택시 안에서 QR코드를 스캔해 앞좌석과 뒷좌석 사이의 상자에 있는 상품, 예를 들어 음료, 식품, 일용품 및 긴급 시의 상품 등을 구입할 수 있다.

모지삐엔의 모델은 사실 세계 최초는 아니다. 2017년 여름, 미국의 스타트업 '장바구니'가 우버(Uber: 온라인 배차서비스)와 제휴하여 같은 방식의 모델을 내놓았다.

모지삐엔의 성공 여부를 논하기는 아직 이르다. 그렇지만, 왜 이러한 한눈에 알 수 있는 접점, 사람들의 흐름이 일어나는 공간을 그동안은 아무도 이용하지 않았던 것일까?

그것은 조건이 부족했기 때문이다. 모바일 인터넷이 등장하기 전에는 결제가 손쉬운 솔루션이 없었다. 예전의 결제는 사용자와 택시 기사, 그리고 택시회사를 거쳐서 유통기업에 도달했다.

이것은 프로세스가 너무 길고 관리가 힘들었다. 하지만 인터넷이 가져온 결제의 편리성으로 고객들은 QR코드를 스캔만 해도 돈을 낼 수 있게 되어 결제의 효율이 높아지고 접점의 비즈니스 가치가 크게 증가했다.

인터넷이 가져온 결제의 편리성을 이용해 전 세계에서 새로운 고객들의 흐름을 찾는 것은 모지삐엔만이 아니다. 고릴라 편의점도 그중의 하나이다.

2017년 6월에 고릴라 편의점은 상하이에서 설립하여 9월에 엔젤투자 1억 위안을 받았고, 11월에 다시 3억 8천만 위안의 A1라운드의 투자를 받았다. 몇 개월 동안 이렇게 큰 자금을 조달하면서 도대체 무엇을 하셨나는 것인가? 그것은 비로 서무실 안에 '무인선반(無人棚)'을 설치하는 것이었다.

사무실은 분명 사람의 흐름이 일정부분 밀집되어 있는 곳이다.

예전에는 사무실에서 일하는 직원들이 간식이나 소모품을 사느라 사무실 아래의 편의점에까지 가야만 했다. 지금은 고릴라 편의점의 무인선반을 사무실 내에 설치해 놓고 이곳에서 구매할 수 있다.

고릴라 편의점의 성공 여부에 대해서도 아직 논의는 이르다. 그러나 우리는 접점을 사무실로 넓혀서 사람들의 흐름을 수집하고, 이를 자신의 퍼체스 퍼널에 끌어들였다는 그들의 비즈니스 아이디어를 이해해야 한다. 이를 실현할 수 있었던 것도 인터넷이 가져온 현금의 흐름, 즉 결제의 편리성 덕분이다.

현재 거리에 있는 많은 자동판매기는 사람의 흐름을 이용하는 신접점이라고 할 수 있을까?

코카콜라나 커피, 초콜릿 자동판매기 등에서는 새로움을 찾기 어렵다. 어쩌면, '구 소매유통'이라고조차 말할 수 없을지도 모른다.

최근에는 거리에 독특하고 기발한 신상품이 속속 등장하고 있다.

예를 들어 자동으로 오렌지를 짜는 오렌지 주스 기계는 어떨까? 오렌지 5개를 주스 한잔으로 착즙하는 것인데 기발하지 않은가?

그럼 자동으로 우동을 끓이는 우동 머신은 어떨까? 인스턴트 식품을 사용하는 것이 아니라 진짜 생우동을 끓이는 것이다.

이런 시험적 시도는 우후죽순처럼 속속 등장하고 있다. 대부분이 성공하지 못할 수도 있지만 모두 사람의 흐름을 이용하여 신접점을 찾는 최전방 병사와도 같다. 일단 성공이 검증되면 대체될 가능성이 있는 기존의 소매유통 모델의 효율성은 분명 나빠 보인다.

▶커뮤니티의 니즈를 찾아, 구매율을 올리다

모든 수단을 사용하여 효율적이고 비용이 저렴한 사람들의 흐름을 만들어 낸 다음, 이것으로 어떻게 컨버전율(구매율)을 올릴 것인가이다.

오프라인 소매유통은 사실 이 점에 관해 예전부터 활발하게 연구하고 있다. 판매원들이 소비자의 심리를 파악해 점포의 인테리어, 색, 소리, 향기까지 신경 쓰고 있다. 이러한 점에 대해서는 뉴 리테일이 반드시 기존 소매보다 잘 대응하고 있다고 말할 수는 없지만, 양쪽 모두 기본 이론은 있다.

인터넷 시대에서는, 공통의 흥미, 인식, 가치관을 가지는 사람들(유저)이 모여 그룹을 만들기 쉽다. 그룹 효과가 형성되고, 서로 커뮤니케이션을 취하고 협력하며 자극을 주는 프로세스 안에서 그 상품 브랜드에 대해서 한층 더 생각해 보게 되는 가치 관계가 태어난다. 카페 커뮤니티, 공동구매 커뮤니티, 직구 커뮤니티, 육아 커뮤니티, 애완동물 커뮤니티 등이다.

만약 인터넷이 우리에게 다른 뉴 리테일의 방법론을 준다면 커뮤니티 경제는 상당히 다른 결과가 될 것이다. 즉 하나의 거대한 커뮤니티 안에서 그 공동점에 걸맞은 상품을 정확하게 판매하면 구매율은 전에 없을 정도로 크게 상승할 것이다.

▶객단가를 올리는 것보다 데이터 분석과 사용자 통찰을 한다

사람의 흐름을 만들어 내어 구매율을 상승시켰다면, 다음은 어떻게 소매의 가치를 더 높일 것인가? 객단가란 무엇인가?

객단가란 한 소비자가 한 점포에서 한 번에 얼마만큼의 상품을 구매하는가를 나타내는 것으로 상품을 많이 구매할수록 객단가는 상승한다. 객단가를 올리는 일반적인 수법은 추가율(한 가지 상품을 구입할 때 다른 상품을 여러 개 구매하는 비율)을 올리는 것이다.

이런 에피소드가 있다.

어떤 남자가 주말에 출장을 가는 아내를 위해 여행 가방을 사러 갔다. 점원은 그에게 이렇게 권했다.

"부인께서 주말에 여행을 가시는군요. 주말에 아내가 없으면 재미없죠. 휴가를 내고 낚시하러 가는 게 어때요? 저희 가게에서는 낚시에 관한 모든 것을 취급하고 있습니다."

마침 주말에 할 일도 없고 점원의 조언도 나쁘지 않다고 생각해서 그는 낚시를 위한 도구를 사기로 했다. 그러자 점원은 또 소개했다.

"그 낚시 도구와 세트인 1인용 텐트와 침낭도 취급하고 있습니다. 야외에서 일박하기에 최고의 제품이지요."

그가 텐트와 침낭도 구매한 뒤 점원은 심지어 '고무보트와 픽업트

력도 있습니다. 픽업트럭에 장비들을 다 싣고 운전해서 원하는 곳으로 낚시를 갈 수 있어요'라고 말했다.

결국 그는 부인의 여행을 이유로 이 가게에서 낚시 도구와 텐트, 침낭을 구입했고 이어 낚시용 인플레이션 보트와 픽업트럭까지 구입했다.

단지 웃자고 하는 농담일지도 모르지만, 이 논리야말로 추가율이다.

인터넷 시대에도 화술에 의지해 추가율을 올리는가? 같은 방법으로 추가율을 올린다면, 오프라인 유통에 있어서 매장 효율의 한계를 돌파하는 혁명을 지속적으로 일으킬 수 있을 것이다.

오늘날, 인터넷 시대에 화술에 버금가는 추가율을 올리기 위한 새로운 툴이 있다. 그것은 빅데이터다.

온라인서점에서 책을 구입할 때, 주문페이지에서 주문을 확정하려는 순간, 이 책을 산 다른 사람이 저 책도 사고 있다며 사이트의 추천상품이 표시된다. 이것이야말로 빅데이터에 의해서 만들어지는 추가율이다. 현재 T몰, 타오바오, 진동 등 모든 인터넷 쇼핑몰들은 빅데이터를 활용해 이용자가 흥미를 가질 만한 정보나 관련 상품을 추천하고 퍼스널라이즈한 추천방법으로 추가율을 올리려고 하고 있다.

예를 들어, 타오바오에서 라우터를 수리하는 툴을 구입하면 그 후 수일간은 타오바오의 모바일 앱의 상단(top) 페이지에 표시되는 추천상품은 라우터 관련 상품들이다. 만약 줄넘기를 산다면 줄넘기 관련 스포츠용품들이 계속 표시된다.

주가율을 올리기 위해 인터넷 기업은 빅데이터뿐 아니라 AI도 활용한다.

2017년 알리바바는 AI 디자이너 노반(魯班)의 도입을 발표했다. 노반은 이용자가 선호하는 상품에 기초하여 자동적으로 그 상품과 관련된 패턴의 상품 배너를 디자인하고 제작한다.

2017년 더블 일레븐 세일 기간 중, 노반은 누계 1억 7,000만 개의 상품 배너를 제작했다. 이것은 100명의 디자이너가 먹지도 마시지도 않고 작업해도 300년이 걸려야 제작이 가능한 양이다.

빅데이터를 통해 상품을 권하는 프로모션, 아울러 AI에 의한 아름다운 상품 배너를 통해 당연히 이용자의 인터넷 쇼핑 추가율은 더욱 높아졌다.

작은 사치품이나, 트렌드 패션, 디자이너 브랜드를 중심으로 한 패션 코디네이터의 EC 플랫폼은 쇼핑 어플리케이션(앱) 이외에 패션 코디네이터 전용 어플리케이션을 내놓았다. 사용하는 것은 모두 프로디자이너, 패션잡지 편집자, 연예인 스타일리스트 등으로, 정기적으로 여러가지 코디네이트 안을 생각해 유저에게 발신한다.

이 기획 전략은 많은 여성 소비자를 사로잡았으며, 또 남성 소비자들조차 사로잡아 어느 남성 고객의 최고 객단가는 100만 원까지 도달했다.

예를 들어보자. 북경시의 스타트업 기업인 린시샹은 커뮤니티의 많은 여성을 타겟으로 한 의류 가게를 오픈했다.

이 회사는 실적을 급속히 성장시켰지만, 얼마 후 유저들을 끌어오는 한계에 부딪히고 말았다. 아무리 노력해도 더 이상의 유저 트래픽이 발생하지 않았다. 이제 앞으로 어떻게 하면 좋을까.

그것은 새로운 유저를 찾아 구매율을 높여 손님 단가를 올리는 것이다. 그들의 타깃은 커뮤니티 속의 여성 소비자다. 그들은 도대체 어디에 있는걸까?

이들은 옷 가게 외에 미용실, 편의점, 피부관리실에 있다. 그렇다면 이들 업종과 손잡고 이들의 물줄기를 잡으면 된다. 그렇게 그 기업은 에스테틱 살롱(피부관리실)과 제휴해, '나비Box'라는 비즈니스 모델을 탄생시켰다.

이것이 '새로운 고객의 흐름을 찾는' 방법이다.

에스테틱 살롱의 점원은 고객과 충분한 신뢰 관계를 쌓고 있으며 고객과 커뮤니케이션을 할 시간도 충분하다. 그러니까 그녀들이 고객에게 권유하는 것이다. 고객은 앱 안에서 상세한 신체적 특징을 인증하고, 인증을 완료한 각 개인에게 맞춰 코디네이트한 의류로 채워진 '나비옷 Box'의 무료 시착을 신청한다.

이것은 에스테틱 살롱이라는 환경에서 점원과 고객 사이의 신뢰관계에 의한 프로모션의 가능성을 넓힌 것이다.

이것이 '구매율을 높이는' 방법이다.

며칠 후, 고객이 다시 에스테틱 살롱을 방문했을 때 '나비옷Box'는 이미 도착해 있고 박스 안에는 그녀의 몸에 맞는 수십 벌의 의류와 코디네이터 방법의 설명서기 들어 있다.

그녀는 거울 앞에서 한 벌씩 입어보며 프로의 코디를 즐길 수 있다.

"역시 프로 코디네이터네! 이 조합도 예쁘고, 저 조합도 멋져!"

옷을 입어 본 대부분의 고객은 결국 많은 옷을 구입하게 된다.

이것이 '객단가를 올린다'는 것이다.

이 비즈니스 모델은 에스테틱 살롱에서도 매우 환영받았고 기업에게도 훌륭한 업적을 가져왔다. 객단가를 올리려면 데이터를 깊이 분석할 뿐만 아니라 사용자를 보다 심도 있게 통찰해야 한다.

▶재구매율은 고객 로열티를 구현한다

내 아들, 샤오미는 한 온라인 영어교실에 참가하고 있다. 그 교실은 미국의 초등학교 교사를 고용해, 중국의 초등학생을 위해서 온라인으로 영어를 가르치고 있다. 이들의 발음은 매우 정확하고 교육심리학에 대한 지식도 함께 지니고 있어 이들이 중국 아이들에게 영어를 가르치는 것은 좋은 일이라고 생각했다.

그래서 나는 샤오미를 따라다니며 레슨을 한 번 받아봤다. 레슨이 끝나자 샤오미는 무척 즐거웠다며 기뻐했고 나 자신도 기뻤다.

나는 무심코 샤오미가 레슨을 받고있는 모습을 사진에 담아 위챗 (We-Chat)에 올렸다. 나의 위챗에는 수많은 친구가 등록되어 있고, 그 대부분이 업계의 저명인사와 기업인이다.

나는 일부러 이 교실 이름을 숨겼다. 왜냐하면 일단 이름을 밝히면

내 이름과 신용을 이용해 그 교실을 선전한 것이 되기 때문이었다. 만일 친구들이 체험 레슨을 하고 별로 좋다고 느끼지 못하거나 문제가 생긴다면 무책임하게 권장한 나의 잘못이 된다.

사진을 공유하자 많은 친구들이 '그 영어학원 이름이 뭐냐?' 혹은 '나도 내 아이에게 레슨을 받게 해 주고 싶다'는 다이렉트 메시지를 보내왔다. 친구들이 일부러 물어보는데 알려주지 않는 것도 왠지 미안해서 그 영어학원의 이름을 알려줬다.

며칠 후, 다시 친구들에게서 메세지가 와서 내가 등록한 등록명과 휴대폰 번호를 알려 달라고 했다.

"그게 중요해?"라고 내가 묻자 친구들은 "물론 중요하지, 누군가에게 소개받아 영어교실에 등록하는 경우, 그 소개자에게는 '레슨 10회'를 선물로 준대."라고 했다.

이건 행운인데! 등록명과 핸드폰 번호를 친구에게 알려주자 곧 내 계정에 레슨 10회, 또 10회, 곧 1년 치의 레슨이 계정에 쌓이게 되었다.

그리고 나는 사진을 다시 위챗에 재 업로드했다.

여기에서 알아야 할 것은 다시 SNS에 공유했지만 1차와 2차는 그 동기가 완전히 다르다는 것이다.

첫 번째는 신뢰와 기쁨에 따른 것이고 내가 이 영어교실의 가치를 인정했기 때문이다. 두 번째는 이익에 넘어갔기 때문이다. 어쨌든 나는 선배로서 그 영어교실에 많은 신입 유저를 영입했다.

만약 이 영어교실이 나의 위챗 사용자를 회원으로 등록하게 하려면 실제로는 비용을 들여 광고를 하거나, 프로모션을 하거나, 지하철 등 사람들이 밀집한 장소에서 선전하거나 사람을 써서 소개해야 한다. 하지만 이 영어교실의 상품이 훌륭하기 때문에 나는 이 상품 정보를 공유했고, 그 후 영어교실은 비용을 쓰지 않고 새로운 사용자를 얻었다. 이것이 '리피트율'이다. 자신이 계속 구매함과 동시에 친구에게도 소개한다.

비즈니스에서 온라인이든 오프라인이든 아무도 단 한 번만 가능한 거래는 하고 싶지 않을 것이다. 그러면 어떻게 하면 고객이 다시 구입하고, 또 다른 누군가에게 소개해서 그 누군가가 구입해 줄 수 있을까?

이것은 리피트율을 올리기 위해서 깊이 연구해야 할 문제다. 왜냐하면 그 고객이 추가로 한 번 더 구매하면 처음 발생한 그 고객 획득 비용이 2번째 구매에도 반영되므로 평균적인 고객 획득 비용이 낮아지기 때문이다.

리피트율을 높여 고객을 지속적으로 이끌어가는 것이 뉴 리테일의 궁극의 무기이다.

인터넷에 퍼트린 것이 아주 편하게 친구에게 구입을 권하게 하고 리피트율을 상승시킨 것 외에 뉴 리테일은 우리에게 어떤 가능성을 가져왔을까? 회원가입을 하게 해서 유저 자신에게 계속해서 구입하도록 시키는 것이다.

소비자가 회원이 된다는 것은 구매거래 외에 지속적으로 상호 커뮤니케이션을 하는 관계를 구축하는 것을 의미한다. 회원은 매출이나 비용 관리뿐 아니라 브랜드 인지도나 입소문의 확산 면에서도 일반 유저보다 공헌도가 높기 때문에 그 유저 가치는 크다.

몇 년 전 아마존은 아마존 프라임이라는 회원 프로젝트를 강력하게 추진했다.

회비를 내고 프라임 회원이 되면 배송료 무료, 빠른 배송, 무료 테스터, 특별상품 할인, 일정금액 이상 할인, 예약주문, 그리고 스트리밍(음성, 동영상 등의 다운로드) 등 각종 특별 서비스를 받을 수 있다.

시장조사 회사 CIRP(컨슈머·인텔리전스, 리서치·파트너스)의 조사에 따르면 아마존의 거래에서 프라임 회원은 연간 1인당 평균 1,300달러를 쓰고 있는데 비해, 비회원이 쓰는 금액은 700달러에 불과하다고 한다. 프라임 회원의 객단가나 재구매율이 높은 것은 분명하다.

중국 국내에서는 진동이 아마존 프라임과 유사한 진동 회원 PLUS라는 유료 회원 프로그램을 운용하기 시작했다.

최근 상승세인 월경 EC 사이트 코알라(網易考拉海購, Kaola.com)도 코알라 블랙카드를 출시했다. 이러한 배경에는 모두 재구매율 상승이라고 하는 목적이 있다.

다시 퍼체스 퍼넬의 공식을 돌아보자.

매출액=트래픽×구매율×객단가×재구매율

매장 효율 혁명에는 트래픽, 구매율, 객단가, 재구매율 4가지가 절대로 무시할 수 없는 요소이며 관건이다. 각 요소를 향상시킴으로써 매장 효율의 한계를 혁명적으로 돌파할 수 있을 것이다.

샤오미의 매장 효율은 어떻게 상승했는가

▶샤오미의 '뉴 리테일'

본서를 집필하며 대형 스마트폰 업체인 샤오미의 뉴 리테일을 깊이 이해하기 위해 나는 샤오미의 창업자 레이쥔을 인터뷰했다.

"우리는 효율에 궁극을 요구하고 있다. 이를 위해, 오프라인 매장 미스토어(小米之家)와 온라인 샤오미 매장(小米商城, Mi.com)에서 동일 상품의 동일 가격을 실현한다. 이것이야말로 샤오미의 뉴 리테일이다."

나는 과거 2015년 공식 허가를 받아 샤오미에 대해서 1, 2개월 동안 자세한 리서치와 인터뷰를 했기 때문에 샤오미에 관해서는 대부분 이해를 하고 있는 편이다. 그러나 솔직히 말하면, 온라인과 오프라인에서 동일 상품의 동일 가격이라는 샤오미의 뉴 리테일 방식에 대해 당시 나는 좀 당황스러웠다.

샤오미가 과거에도 디자인이 우수하고 고품질인 하이 코스트 퍼포먼스 상품을 불가사의할 정도로 저렴한 가격에 제공할 수 있었던 것은 인터넷 직판만으로 팔았기 때문이었다. 온라인 직판의 판매비용은 오프라인보다 훨씬 낮다.

현재는 오프라인까지 진출했고, 심지어 온라인과 오프라인에서 같은 상품을 같은 가격에 판매한다는 것이 정말로 실현 가능한 것일까?

만약 오프라인 비용 구조로 온라인과 같은 판매가격을 실현할 수 있다면, 과거의 온라인 판매가격에는 아직 내릴 여지가 있다는 말인 가? 샤오미는 오프라인 점포에서도 온라인과 마찬가지로 극단적인 가격에 판매해 이익을 낼 수 있을까?

이 문제는 다시 말해, 샤오미가 효율이라고 하는 수단을 가지고 트래픽, 구매율, 객단가, 재구매율을 상승시켜, 오프라인 소매의 매장 효율의 한계를 돌파할 수 있는가? 하는 것이다.

오프라인 점포의 1㎡당 높은 운영비용을 넘는 정도의 이익을 낼 수 있는가? 그렇다면 샤오미의 매장 효율은 어떤 상황일까?

레이쥔은 자랑스럽게 이렇게 말했다.

"현재 시점에서 샤오미의 매장 효율은 27만 위안/㎡까지 상승했다. 애플 매장의 40만 위안/㎡에는 뒤지지만 다른 휴대 전화 매장을 몇 배나 넘어섰다."

27만 위안/㎡의 매장 효율 아래 상품의 매출 총 이익률 8%로 계산하면 기존의 미스토어 242개 점포의 총이익만으로 운영 비용은 충분히 커버할 수 있다.

궁극의 매장 효율은 결과에 지나지 않고, 트래픽, 컨버전율, 객단가, 리피트율을 최대한 올리는 것이 궁극적인 수단이라고 한다. 그는 하나하나 순서대로 그의 전략과 수법을 집요하게 설명해 줬다.

▶ 패스트 패션외 장소선정 벤치마크

예전 미스토어는 오피스 빌딩 안에 매장을 차렸고 일반 내점객은 샤오미 팬들이 대다수로 인적이 뜸했다. 그래서 이익이 석었다. 현재는 자연스럽게 고객을 획득하기 위해, 사람들의 흐름이 중심이 되는 상권을 선택하고 패스트 패션 브랜드를 벤치마킹했다.

이 문제에 대해 레이쥔의 인터뷰가 끝난 후, 나는 샤오미의 총재 린빈(林斌)에게 전화하여 더 자세한 설명을 들을 수 있었다.

이들은 샤오미의 사용자와 유니클로, 스타벅스, 무인양품의 사용자가 높은 비율로 중복돼 있다는 사실을 깨달았다.

지하철 상권에 매장을 열면 지나다니는 사람들은 많지만, 점포에 잘 들어오지 않는다. 고급스런 백화점에 문을 열면 고객들의 구매의식도, 그 빈도수도 낮다. 그때, 샤오미는 유니클로와 스타벅스, 무인양품이 매장을 차리는 장소를 벤치마킹하는 전략을 세웠다.

미스토어의 책임자에 따르면, 현재 점포의 위치선정은 주로 1, 2급 도시 중심상권의 쇼핑센터로 우선 유명 부동산 개발자, 예를 들면 대련 완다그룹(大連万達集団股份有限公司), 화룬그룹(華潤集団有限公司), 중량그룹(中糧集団有限公司)등과 제휴한다.

샤오미는 임차인으로 들어갈때도 입점하는 쇼핑센터에 대해서 그 연간 매출을 자세히 살펴보며 입점 전에 반드시 고객의 흐름을 계산해 시간 단위로 사람들의 흐름을 조사한다.

샤오미는 서서히 자기 나름대로 장소 선택의 로직을 개발했고, 이러한 기법으로 기초가 되는 목표의 고객군을 획득했다.

▶소비를 저빈도에서 고빈도로 만들 비책

유통을 이해하고 있는 사람에게는 패스트 패션 브랜드의 장소 선택 로직을 왜 벤치마킹하는지, 바로 반론을 받을지도 모른다.

패스트 패션 브랜드는 왜 그렇게 세가 비싼 곳에서 매장을 열 수 있을까? 그것은, 그들이 취급하는 것이 고빈도로 구입하는 상품이기 때문이다. 반면 휴대 전화는 1, 2년에 1회 구입하는 저빈도 상품이다. 소비 빈도가 이렇게 낮은데, 이렇게 집세가 비싼 장소를 고르다니, 샤오미는 망할 생각인가?

레이쥔은 이것이야말로 샤오미의 뉴 리테일의 요점이 되는 기법인 '저빈도를 고빈도로 만드는' 기법을 발휘할 수 있는 장소라고 한다.

'저빈도를 고빈도로 한다'는 것은 어떤 것일까?

예를 들어 중국 온라인 생활정보 제공 사이트인 우바퉁청(58同城, 58.com)이 다루는 것은 구직이나 임대와 같은 카테고리의 정보로 이 항목들은 생활하면서 1년에 1회나 발생할까 말까 한 항목이다.

이렇게 저빈도 정보 비즈니스이지만 의외로 이런 정보가 100 카테고리 이상 모이면 고빈도의 비즈니스가 된다.

샤오미도 그렇다. 지난 몇 년간 샤오미는 수많은 친환경 시스템 협력기업에 투자했고 모바일 배터리, 스마트 밴드, 이어폰, 세그웨이, 밥솥, 전동 어시스트 자전거 등 다양한 상품을 개발해 왔다.

미스토이에서는 원래 2, 3가지 카테고리, 200~300개 품목의 상품을 판매하고 있다. 만약 전체 카테고리를 년 1회 리뉴얼하면 사용자는 보름마다 방문하고 또 무언가를 구입할 것이다.

스마트폰, 모바일 배터리, 스마트밴드 등은 저빈도로 구입되는 상품이지만, 그것들을 모두 모으면 고빈도로 변한다는 것이다.

이 문제에 대해서 어떻게 생각하는지 린빈의 견해를 물어봤더니 그는 다음의 한가지가 매우 중요하다고 대답했다.

샤오미가 급속하게 미스토어를 확장하자 휴대전화 업체 중에는 샤오미를 벤치마킹하고 패스트 패션 브랜드 자리 선택의 논리점을 이용하는 업체나 미스토어의 맞은편에 매장를 여는 업체도 있었다.

처음에는 그러한 메이커의 매장과 경쟁하지 않을까 걱정했지만, 이후 많은 유저가 그들의 매장을 한 바퀴 돌기만 할 뿐, 아무것도 사지 않고 나온다는 것을 알 수 있었다.

휴대전화와 같은 저빈도 상품을 매장에 여러 종류 나열하는 것만으로는, 소비자가 둘러보는 것만으로 꼭 사고 싶은 상품을 발견하는 일은 없었던 것이다. 그러나 미스토어에서는 이번에는 스마트폰을 사고, 다음은 스마트밴드를, 또 그 다음에는 블루투스 스피커를 구매하는 것과 같이 년 1회 스마트 폰을 구입하는 저빈도가 보름마다 1회 구입하는 고빈도로 변화했다.

가게에 들어가도 사고 싶은 상품이 없다는 저효율의 고객들이 가게에 들어가면 반드시 몇 가지 상품을 사는 고효율의 고객들로 변해서, 미스토어가 사람을 끌어들이는 문제는 저절로 해결되었다.

▶구매하고 싶어지는 히트상품전략

샤오미는 일관되고 철저한 단품 로직을 갖고 있으며 이것은 '히트상품전략'으로 불린다. 샤오미에는 아주 많은 상품이 있는 것처럼 보이지만, 실은 각 카테고리에 몇 개 품목의 상품밖에 없다.

예를 들면, 수트 케이스는 2, 3개, 우산은 1개뿐이다. 다른 기업이라면 수백 개 품목을 제조하고도 남는 품목일 것이다.

히트상품전략에는 두 가지 장점이 있다.

우선 한 상품에만 집중하면 디자인과 품질을 더 향상시킬 수 있는 기회가 생긴다. 디자인 설계가 훌륭한 상품은 그 상품 스스로 구매율을 올릴 수 있다. 우리는 그것을 '상품의 힘'이라고 부르는데, 그 자리에 디스플레이 해 두는 것만으로 무심코 사고 싶다고 생각하게 하는 조용한 힘을 일컫는 말이다.

그리고 히트상품은 거대한 매출로 이어져 필연적으로 서플라이 체인(supply-chain)의 비용을 낮추고 나아가서는 가능한 한도까지 상품의 판매가격도 인하시킬 수 있다. 고품질 저가 상품은 당연한 일이지만 구매율을 한층 더 큰 폭으로 상승시킨다.

히트상품전략 덕분에 예전에는 10%의 e커머스 이용자만이 온라인을 통해 손에 넣었던 고품질의 저가 상품은 현재는 90%의 오프라인 소비자의 눈앞에도 진열이 가능하게 되었다. 가게에 들어간 손님의 대부분은 가격을 보지 않고 상품을 쇼핑 카트에 가득 채울 때까지 넣는다.

▶축적한 빅데이터에 따른 머천다이징(MD)

오프라인의 매장 면적에는 한계가 있으므로 잘 팔리는 상품을 골라서 판매할 필요가 있다. 그렇다면 어떤 상품이 잘 팔리는 상품인가?

수년간에 걸쳐 e커머스를 전개해 온 샤오미는 지금까지 축적한 온라인 데이터를 활용해 머천다이징(MD), 즉 소비자에게 꼭 맞는 적합한 상품선택이 가능하다.

미스토어는 온라인 판매에서 이미 검증된 상품, 예를 들어 스마트폰 'Mi-6', 스마트밴드 'Mi Band', 또는 '미가 압력 IH밥솥'과 같은 상품을 우선적으로 선택한다.

만약 신상품이 있으면 입소문이나 코멘트, 예를 들면, 지난주 온라인에 올라온 코멘트 등을 조사하여 평판이 좋지 않은 상품은 선택하지 않는다. 또 빅데이터를 이용해 지역별로 미스토어의 MD를 수행해서 고른 상품을 일괄 수배한다.

예를 들어 밥솥을 온라인으로 팔 때 허난성(河南省) 지역의 구입자가 특히 많다면 허난성에 있는 미스토어는 매장 진열대에 이 밥솥도 반드시 함께 진열한다.

한편, 여기에서는 별로 판매가 안 좋은 상품이라도 다른 점포에서는 팔린다고 하는 경우가 있다. 오프라인 점포에서 팔리지 않는 상품이 EC

사이트에서 잘 팔린다거나, 혹은 그 반대의 경우도 있을 것이다.

세그웨이를 예로 들어 보자. 대부분의 사람들은 세그웨이를 타 본 적이 없고, 인터넷에서 사진만 보고는 좀처럼 구매할 생각은 하지 않는다. 그러나, 세그웨이를 오프라인 점포에 진열해 두면 사람들은 직접 만지거나 시승해보고 재미있으면 구입할 가능성이 높다.

이것이야말로 오프라인의 체험성이라는 강점을 이용해서 확실히 온라인과 오프라인의 일체화를 실현하고 있다.

빅데이터의 MD를 통해서 잘 팔리는 상품, 그 지역에서 가장 잘 팔리는 상품을 매장에 진열할 수 있게 되어 구매율을 대폭 높였다.

▶객단가를 올리고 싶으면 추가율을 높여라

객단가를 올리려면 고객이 1회 구매시 얼마나 더 많은 상품을 구입하게 해야 할까? 여기에는 추가율을 올리는 것과 다른 하나가 바로 체험감을 증폭시키는 것이라고 레이쥔은 말한다.

미스토어에 들어가면 수백 종류의 상품이 줄지어 있지만, 그것들은 모두 하얗고 동글동글한 모양의 통일된 스타일로, 외형이 매우 멋있고 모두 같은 공장에서 만들어 내고 있는 것처럼 보인다.

당신이 샤오미의 IP 감시카메라를 구입했는데 매우 좋은 상품이라는 생각이 들었다. 게다가 샤오미의 라우터를 구입하면 감시카메라의 데이터는 루터의 하드웨어에 30일간 저장할 수도 있다. 또, 샤오미 TV를 사면 집에서 사무실 상황을 감시할 수도 있다. 만약 당신이 샤오미

의 스마트폰도 갖고 있다면 여행지에서 찍은 사진을 전송해서 가족들
은 실시간으로 집에 앉아 TV로 볼 수 있다.

이처럼 상품들 사이에 있는 테크놀로지 상의 관련성과 연계성, 심
지어는 외견의 통일감마저 이용자들에게 주저하지 않고 사게 하는 요
인이 되면서 추가율을 끌어올린다.

▶경험이 객단가를 더 끌어올린다

샤오미라는 이름은 들어봤는데 실제로 샤오미 제품을 본 적이 없
다는 사람이 많다. 하물며 샤오미 상품이 이렇게 종류가 다양한 것도
모르고 있다. 현재, 이러한 상품은 모두 소비자의 눈앞에 진열되어 마
음껏 체험할 수 있다.

미스토어는 체험성을 매우 강하게 내세우고 있다.

매장의 동선 설계가 뛰어나 다양한 제품을 둘러 볼 수 있고, 천천
히 체험할 수 있어서 매장 내에서 현재 가장 인기 있는 전략게임을 플
레이해도 좋다.

휴대폰 매장의 대부분이 저빈도로 구입되는 휴대폰 밖에 판매하고
있지 않기 때문에, 무리한 프로모션을 진행하지 않으면 고객들은 찾
아오지 않는다. 그러나 샤오미는 '저빈도를 고빈도로 만든다'라는 전
략으로 프로모션이 필요 없어졌고, 거꾸로 점원은 허가 없이 내점객
을 방해해서는 안 된다는 매장규칙도 있다. 이것은 왜일까?

이렇게 함으로써 이용자는 편하게 마음껏 상품을 체험해 볼 수 있

고, 가격의 저렴함에 감탄하게 될 것이다.

동일 모델의 스마트폰은 온라인에서는 중간스펙에서 저스펙이 잘 팔리지만, 오프라인에서는 고스펙이 더 잘 팔린다. 왜일까?

온라인은 체험성이 결여되어 있기 때문에 유저는 스펙의 표기를 비교 검토하는 것 외에는 비교할 방법이 없기 때문이다. 그러나 오프라인에서는 외견, 촉감, 성능의 차이를 제대로 체험할 수 있어 고스펙 상품을 구매하는 사람이 많아 객단가는 더욱 상승한다.

미스토어에서는 '텔레비전의 익스퍼트'나 '노트북의 익스퍼트'와 같은 점원을 배치해서 손님이 상품을 체험해 느낀 문제에 전문적으로 대응한다. 텔레비전이나 노트북 같은 고액 상품은 온라인으로 구입하려고 하면 좀처럼 결심이 서질 않지만, 양질의 사용자 체험(UX)에 의해 온라인보다 오프라인에서 구매하기가 훨씬 좋은 것이다.

▶ 브랜드 인지도의 강화

어떻게 하면 상품을 구입한 고객이 다시 구입하게 할 수 있을까?

이는 재구매율의 문제다. 재구매율을 높여 고객의 지속적 가치를 끌어내는 것이 뉴 리테일 비법이지만, 사실은 미스토어는 두 개의 중대한 사명을 짊어지고 있다.

샤오미는 광범위한 오프라인 소비자와 온라인 사용자가 거의 중복되지 않는다는 사실을 깨달았다. 거기서 미스토어의 첫 번째 중요한 임무는 샤오미를 알지 못하는, 이해하지 못하는 많은 소비자에게 사오미를 인식시켜 7들의 마음속에 샤오미라는 브랜드를 심는 것이다.

샤오미 제품을 한 번이라도 구입해 사용해보고 마음에 든다면 이들이 다른 상품, 전자제품이나 스마트 홈 제품을 구입할 때 우선석으로 샤오미를 떠올리게 될 것이다.

린빈은 미스토어의 한 매장에서 매장 내를 관찰하고 있을 때 본 광경을 예시로 들었다. 몇 명의 나이든 여성들이 방문해서 둘러보다가 이윽고 샤오미의 상품은 싸고 품질도 좋다는 것을 알고 상품을 구입하고는 곧바로 가게를 나갔다.

잠시 후 이들은 다른 몇 명의 여성을 데리고 다시 왔고, 그 몇 명이 또다시 몇 명의 여성을 데려오면서 여러 차례 매장을 방문했다. 그들은 분명히 그때까지 샤오미를 몰랐을 것이다. 그들에게 있어서 인터넷 쇼핑은 장애물이 많기 때문이다.

미스토어의 존재로 이제는 이들과 같은 소비자도 샤오미의 상품을 인지하기 시작했고 샤오미 브랜드는 널리 선호되고 있다.

이 시점에서라면 미스토어의 오프라인 점포 운영비용의 일부를 회계적으로 브랜드 구축비로 계상하는 것도 가능할 것이다.

브랜드 인지도 향상을 이익으로 보고 그 일부를 미스토어에 지급하면 미스토어의 이윤은 더욱 커질 것이다.

▶전 채널의 일체화로 놀라운 재구매율을 만든다

샤오미의 소매유통 전 채널은 위에서 아래까지 미자유핀(米家有品,

youpin.mi.com), 샤오미 상청, 미스토어의 3층으로 나뉜다.

EC 플랫폼인 미자유핀과 샤오미 상청에는 보다 많은 상품이 있다.

미자유핀은 클라우드 펀딩으로 엄선된 인기 상품의 플랫폼으로, 2만여 개의 상품을 보유하고 있다. 샤오미 상청에서는 주로 자사 제품과 에코 시스템 파트너기업의 제품을 판매하는데, 2천여 개의 상품을 보유하고 있다. 오프라인 매장인 미스토어에서는 2백여 품목을 취급하고 있다.

이러한 품목의 단계가 다른 모든 채널에 샤오미의 두 번째 중요한 임무가 있다. 그것은 오프라인을 통해 온라인으로 고객을 유도하고, 그렇게 유도되어 유입된 이들을 향해 온라인상의 샤오미 시리즈의 폭넓은 라인업을 선보이는 것이다.

미스토어에서 상품을 구입할 때 점원은 소비자에게 스마트폰으로 샤오미 상청 앱을 설치하도록 안내한다. 샤오미 제품이 마음에 들었다면, 이후부터 스마트폰으로도 구입할 수 있다는 설명을 하면서 말이다.

만약 다음번에 샤오미 상청에 접속한다면 고객은 상품이 훨씬 다양한 카테고리 안에서 상품을 고를 수 있고, 매출은 신장할 것이다. 특히 샤오미 상청은 오프라인 매장과 같은 월세 비용도 들지 않는다.

온라인과 오프라인을 일체화함으로써 히트상품은 실내에서 쉽게 구할 수 있고, 이용자는 체험성과 즉시성을 누릴 수 있으며, 만약 매장 내에 없는 상품이라면 상품코드를 스캔해서 인터넷으로 구매도 가능하다.

점포에 한 번이라도 내점한 소비자는 모두 샤오미 회원이 되고 심지어 샤오미 팬으로 변신할 가능성도 있다. 이렇게 해서 놀라운 재구매율을 만들어내는 것이다.

오프라인 점포로 무장한 신선식품 EC 사이트

▶신선식품 분야는 오프라인에 비해 온라인이 취약하다

신선식품 소매유통에서는 매장 효율의 다크호스, 알리바바 그룹 산하의 후마프레쉬(후마센셩: 盒馬鮮生)가 있다.

화타이증권(華泰証券)의 연구보고에 의하면 2016년 후마프레쉬 상하이 진차오점(上海金橋店)의 연간 매출액은 약 2,750억원, 매장 효율은 61.6만원/㎡으로 동업 타사의 평균 수준(16.5만원/㎡)을 3.7배나 웃돌았다. 후마프레쉬는 어떻게 해서 이렇게 놀라운 매장 효율을 만들어냈을까?

2018년 1월, 나는 상하이의 저명한 경영인 클럽 '사인동사회(私人董事会)'에 참여하는 기업가 그룹을 데리고 후마프레쉬의 본사를 방문했다. 다행히 후마프레쉬 창업자이자 알리바바 그룹 부총재인 호우이(侯毅)에게 직접 응대를 받았다.

호우이의 경력은 매우 흥미롭다. 우선 그는 컴퓨터 사이언스가 배경이다. 1990년대 초에 컴퓨터 사이언스 학과를 졸업하고 학사 학위를 취득했다. 창업 이력도 있다. 졸업 후에 기업을 시작해 여러 분야에 걸쳐 회사 경영을 했다. 그리고 기존 오프라인의 소매유통 이력도 있다. 1999년 광명 유업 산하의 편의점 커디슈퍼마켓(可的便利店, KEDI)에 1년 동안 근무했고, 커디슈퍼마켓이 당시 2개에서 2,000여 개 점포로 확대되는 것을 지켜봤다.

마지막으로 인터넷 이력도 있다. 2009년 자금을 조달한 진동의 류창둥(劉強東)이 '소매+물류' 분야의 경험을 가진 인재를 찾던 중 호우이가 눈에 들어왔다. 호우이는 진동 그룹에 입사한 후, 진동 물류의 치프 물류 플래너와 O2O(Online to Offline)사업부 총재에 잇달아 취임했다.

'기존 소매유통+인터넷+컴퓨터 사이언스+창업'.

호우이의 이러한 경험과 풍부한 경력은 확실히 뉴 리테일을 위해서 준비된 사람 같았다.

시장조사기구인 닐센의 보고에 따르면 중국의 신선식품 EC 시장 규모는 2018년에 1,500억 위안을 넘어 연평균 성장률(CAGR)은 50%에 도달할 전망이다. 그러나 한편으로 조심스러운 부분은, 전국 4,000개 이상의 신선식품 EC 기업 가운데 2014년에 흑자를 낸 기업은 겨우 1%로, 거의 보합세가 4%, 조금 적자가 88%, 나머지 7%는 거대한 손실을 내고 있다는 데이터도 있다.

지금까지 밝힌 수많은 사례는 모두 오프라인 소매유통이 온라인 소매유통에 패한 경우뿐이었지만, 신선식품 분야에서만큼은 온라인이 오프라인에 뒤지고 있는 것 같다.

왜 그럴까?

호우이는 그 원인을 이렇게 분석한다.

"상품의 로스가 많고 상품 기준이 불분명하다. 물류비용이 높으며 상품을 고루 갖추기가 어렵다. 신선함에 대한 소비자의 '즉시성의 요구'를 채우기가 쉽지 않다."

그는 진동을 사임하고 알리바바에서 뉴 리테일 방식으로 맞서기로 했다.

▶Top-down 설계의 강점

2015년 진동을 떠난 후 호우이는 상하이에서 알리바바 그룹 CEO 다니엘 장과 만났다.

호우이는 미식 애호가로서, 또 2년간 물류 경험을 가진 프로그래머로, 몇 번의 창업 경험의 경영자로서, 온라인 신선식품 분야를 성공하려면 오프라인의 실제 점포를 다른 관점에서 볼 필요가 있다고 생각했다. 왜냐하면 벌써 슈퍼가 이 비즈니스 모델의 실현 가능성을 증명하고 있기 때문이다.

빅데이터로 온라인과 오프라인을 일체화하고 최종적으로 신선식품 EC 업계의 문제점을 해결하는 것이다.

그의 구상은 매우 의미가 있었고, 만약 이 모델이 성공한다면 업계에 거대한 변혁을 가져올 것이었다. 다니엘 장은 순식간에 그를 지지한다고 했지만 4가지의 절대적인 요구안을 제시했다.

첫째, 만약 오프라인의 신선식품 점포가 최종적으로 기존 방식의 슈퍼가 되어 버렸을 경우, 비록 기존 방식의 슈퍼보다 이익이 난다 하더라도 중지할 것. 정말 유지하고 싶다면 온라인 수입이 반드시 오프

라인 수입보다 많을 것.

둘째, 온라인 주문 수는 반드시 하루 5,000건을 넘을 것. 이 요구는 5,000건을 넘지 않으면 규모의 효과를 가져오는 비즈니스를 할 수 없기 때문이다.

셋째, 물류를 저비용으로 관리할 수 있다는 전제에서 실제 점포에서 반경 3km 이내 지역의 3분 내 배송을 실현하는 것.

넷째, 최종적으로 오프라인에서 온라인으로 고객의 흐름을 유도하면서 앱은 다른 트래픽이 필요 없이 독립할 수 있도록 할 것.

이 네 가지의 요구는 '톱 다운 설계'이다. 이미 조건을 정해놓고 그 조건에 맞게 설계하는 방식이다.

대니얼 장은 그에게 이렇게 말했다.

"잠시 운영해 보고 네 가지 조건들이 이뤄지지 않으면 후마프레쉬는 문을 닫읍시다. 더 이상 존재할 의의가 없으니까요. 하지만 만일 실현된다면 성공한 비즈니스 모델로 확대해 나갑시다."

신선 슈퍼의 외관은 모두 똑같지만, 각각의 기업가는 마음속에서 가게의 본질을 크게 차별화하고 있다.

이 네 가지 요구 사항은 후마프레쉬 오프라인 점포의 본질이 온라인 트래픽의 획득 수단임을 말하고 있다. 고객들을 최종적으로 온라인에 머무르게 해 온라인에서의 재구매 고객을 늘리는 것이다.

기존의 신선 슈퍼의 거래구조는 다음과 같다.

매장 효율=오프라인 수입÷매장면적

그럼, 후마프레쉬는 어떨까?

다니엘 장이 제시한 네 가지 요구는 후마프레쉬를 '신선식품 EC로 무장한 오프라인 점포'로 정의하면서 어디까지나 e커머스가 주체임을 강조했다. 거래구조는 다음과 같다.

매장 효율=(온라인 수입+오프라인 수입)÷매장면적

이 거래 구조에서 혹시 온라인 수입이 오프라인 수입을 웃돌면 그 매장 효율은 기존 슈퍼의 2배 이상을 달성할 것이다. 이 거래 구조라면 기존의 신선식품 슈퍼의 매장 효율의 한계를 돌파하는 것이다.

이것이 바로 '톱 다운 설계'이다.

후마프레쉬는 곧바로 그 인기가 폭발해서 기존의 많은 신선식품 슈퍼 운영자가 그 방법을 배우러 왔다.

"우유는 당일 출하의 것만 판매한다니, 정말로 고객을 이해하고 있다. 식재료는 모두 산지 직송이라니 정말 상품을 갈고 닦고 노력하고 있다. 우리도 배워야 한다."

모두들 감탄했다. 그러나, 차례차례 후마프레쉬를 보고 배우기 시작한 기존 슈퍼는 곧 힘을 다했고 마침내 수개월 후…… 폐점해 버렸다. 새로운 기법을 배우고 공부했는데 왜 실패했을까?

그것이 그들이 후마프레쉬에서 발견한 고객의 욕구와 제품의 품질에 대한 것은 배웠지만, 그 속에 감춰진 뉴 리테일 기법(톱다운 설계)을 이해하지 못했기 때문이다.

후마프레쉬는 철저하게 온라인 위주의 판매를 지향하면서 규모의 효과로 3분 내 배송을 실현했으며, 오프라인에서 온라인으로 고색의 흐름을 유도하여 재구매 효율을 극대화했다. 당일 출하한 우유라든지 산지 직송 부분은 그것을 위한 기본인 것이다.

톱다운 설계는 비즈니스 모델에 있어서 매우 중요하다.

이론 마스크는 스페이스X 창업자로 로켓 발사 전에 두 가지 목표를 세웠다.

첫째, 로켓을 반드시 회수하고 재사용한다.

둘째, 로켓 발사 비용을 매번 반드시 기존 1/10이하로 막을 것.

그도 처음에는 이 두 가지 목표를 어떻게 해야 달성할 수 있을지 알지 못했다. 하지만 이 두 가지 목표만 달성해도 경제효과가 있는 비즈니스 모델이 된다는 것은 알고 있었다.

후마프레쉬도 마찬가지로 호우이와 다니엘 장은 우선 목표를 세웠다. 거기서 어떻게 팀을 결성할지, 어떤 방법으로 실현시킬지를 생각해서 그 후의 구체적인 방법을 결정했다.

예를 들면 슈퍼 안에 레스토랑을 열고 지불은 하나의 결제 앱만이 가능하게 고집할 것, 천정에 컨베이어벨트를 설치하고 3분내에 배송하는 등, 이것들은 모두 톱다운 설계하에 있었다.

그렇지만, 이러한 수법은 정말로 효과적인 것일까?

정말로 매장 효율의 한계를 넘을 수 있었을까?

▶궁극의 체험(UX) 효과

기존의 신선식품 슈퍼마켓 매장 효율의 한계를 돌파하기 위해 호우이와 대니얼 장은 톱다운 설계에서 반드시 온라인 수입이 오프라인보다 많도록 e커머스의 주체성을 명확히 했고, 오프라인에서 온라인으로 고객의 흐름을 규정했다. 이것을 구체적으로는 어떻게 추진할 것인가?

EC 사이트에서의 어패류 구입에는 큰 문제점이 있다. 그것은 바로 신선도에 대한 우려다. 기존의 신선식품 슈퍼에서는 적어도 상품을 직접 눈으로 보고 선택할 수 있지만, 인터넷 쇼핑에서는 어떤 상태의 상품이 배송될지 전혀 알 수 없다. 소비자는 신선식품을 인터넷에서 구입하는 것에 대해서 신뢰감을 갖지 못하고 있다.

그래서 후마프레쉬는 무조건 반품할 수 있는 룰을 만들었다. 하지만 그래도 아직 믿음이 부족했다. 시식을 할 수 있다면 더 좋을 것이다.

후마프레쉬는 대담한 시도를 했다. 슈퍼 안에 살아있는 어패류를 전시하는 광대한 수족관과 해산물 바, 이트인 에리어(eat in area)를 설치한 것이다. 상품이 전시된 구역에서 해물과 어패류를 구입해서 가격표에 적힌 조리비를 내면 즉석에서 조리해주고, 이트인(eat in) 구역에서 신선한 어패류를 맛 볼 수 있게 한 것으로 한국의 노량진 수산시장식 음식 체험 공간을 마련했다.

이는 슈퍼마켓 안에 레스토랑을 차리는 것과 같았다. 슈퍼 안에 이트인(eat in)을 두고 시식을 한다는 것은 호우이의 아이디어였다. 그는 실제로 먹어 보는 것만큼 궁극의 체험(UX)은 없다는 것이다.

그가 팀을 이끌고 대만 어시장에 시식을 메인으로 하고 있는 상인 수산(上引水產)을 견학했을 때, 고객의 80%가 중국 내륙으로부터 온 손님이라는 것을 깨달았다고 한다. 알다시피 중국 내륙은 신선한 해물, 어패류에 대한 가격이 매우 비싸다. 이것이 그의 어패류 판매에 대한 아이디어를 굳히고 음식에 대한 전체적인 사고방식을 만들었다.

나는 과거에 한 번 동료들과 후마프레쉬에 가서 시식을 한 적이 있다. 분명히 아주 맛있었다. 어패류는 신선도가 가장 중요하다. 신선도만 보장된다면, 별이 붙은 유명 요리사가 아니어도 어패류를 맛있게 조리할 수 있다.

후마프레쉬가 즉석에서 시식하도록 권하는 것은 kg당 수십 위안의 조리비를 벌기 위해서인가? 물론 아니다. 구입해서 바로 그 자리에서 시식하게 하는 것의 목적은 후마프레쉬의 브랜드와 그 신선식품에 대해 사용자에게 절대적인 신뢰와 호감을 심어주기 위한 것이다.

사용자가 먹어보고 '좋네, 맛있다'라고 느껴서 불안이 해소되었을 때, 후마프레쉬의 목적은 달성된다.

오프라인 체험(UX)을 궁극적으로 만드는 것은 오프라인에서 온라인으로 고객들을 유도하기 위한 방법인 것이다.

▶전용 앱 결제 시스템이 노리는 점

후마프레쉬에서는 현금이나 신용카드를 사용할 수 없고, 알리페이

(Ali-pay), 위챗페이(WeChat Pay)도 사용할 수 없다.

결제 방법은 단 하나, 후마프레쉬 앱뿐이다.

상하이시에 있는 하루 평균 내점 고객 3만 명의 김교국제상업광장(金橋国際商業広場) 안에 있는 후마프레쉬 진차오점(金橋店).

오픈 첫날, 5,300명이 다녀갔음에도 불구하고 매출액은 겨우 수십만 위안으로 별 볼 일이 없었다.

왜 그럴까? 그것은 '어? 현금으로 계산할 수 없다고!'라는 목소리가 여기저기서 터져 나왔기 때문이다.

현금 계산이 안 되는 것은 한때, 후마프레쉬를 비판의 화두에 세웠다. 일부 아주머니들은 애써 계산대에 줄을 섰는데도 현금 계산이 안된다고 그대로 가 버렸다. '중국 내에서 위안화를 쓸 수 없다!'는 비판 보도가 나와 한바탕 소동도 있었다.

후마프레쉬는 위안화를 받지 않는 게 아니다. 후마프레쉬 앱은 알리페이로 이어져 있고, 알리페이는 역시 위안화로 이어져 있다.

정산 방법을 둘러싼 문제는 결국에는 수습했지만 왜 이러한 리스크를 안고서까지 앱 결제를 고집하는 것일까?

이것은 다시 후마프레쉬의 톱다운 설계 이야기로 되돌아온다.

후마프레쉬가 현금을 받지 않는 것은 최저 마지노선이었다. 왜냐하면 이것이 후마프레쉬의 목표 중 하나, '고객을 오프라인에서 온라인으로 유도한다'의 달성 여부를 결정짓기 때문이었다.

이렇게 해야만 오프라인 매장에서 구매 결정을 한 소비자를 자연스럽게 매장에서 끝내 온라인으로 이끌어 들이는 흐름을 만들 수 있는 것이다. 그 때문에 오픈 초기, 일정한 매상고를 희생하더라도 '앱을 인스톨 하지 않으면 판매하지 않는다'는 규칙을 관철한 것이다.

그 후, 그 아주머니들은 다시 돌아왔다고 한다. 왜냐하면, 후마프레쉬가 체험성(UX)이 뛰어나 직접 만져보고 시식함으로 신뢰할 수 있었을 뿐 아니라 신선하고 값이 매우 저렴했기 때문이었다. 결국, 이들은 집에서 자녀에게 앱을 깔아 달라고 한 후 가게에 다시 돌아와 쇼핑을 했다.

소비자에게 앱 결제를 습관화시키는 것은 확실히 간단하지 않다.

오픈 당시에는 매장의 입구 옆에 '앱의 인스톨' 방법을 자세하게 설명한 보드를 설치했었다. 그러나 톱다운 설계에 근거해 소비자가 요구하는 상품이나 서비스를 지속적이고 안정적으로 제공함에 따라 서서히 앱 결제도 습관화되어 갔다.

이 목표를 달성할 수 있다면, 진짜 매장 효율 혁명이 일어날지도 모른다. 온라인 매출액이 오프라인과 같은 정도가 되면 후마프레쉬의 1점포당 총수입은 2배가 되는 것을 의미한다. 매장 효율의 공식에서 보면 전체 매출액이 2배가 되어도 분모인 매장 면적은 바뀔 수 없으므로 1점포당 매장 효율도 2배가 되어, 그것에 따른 이윤도 증가한다.

만약 온라인 매출액이 더 늘면서 온라인과 오프라인의 매출액 비율이 2:1이 되면 전체 매출액은 원래의 3배가 된다. 이것이야말로 앱에서만의 결제를 실시하는 최종 목적이다.

호우이는 후마프레쉬 사용자들의 온라인 결제율이 경이적으로 늘었다고 말했다. 오픈부터 반년 넘게 운영하는 점포의 온라인 수주의 비율은 50%를 넘어 상하이의 1호점에서는 온라인 수주의 비율이 70%에 달해, 온라인은 오프라인 매출의 2배 이상을 달성했다고 밝혔다.

▶3㎞ 이내, 30분의 배송 속도

현장에서의 궁극의 체험(UX)은 오프라인으로부터 온라인으로 고객의 흐름을 유도하는 앱, 그리고 다음의 스텝은 물류 스피드라고 하는 최대 난점의 해결이다.

후마프레쉬를 처음 체험한 후 내 아내는 재구매자(리피터)가 됐다. 우리 집에서는 거의 매일 후마프레쉬 앱으로 당일 저녁 식사 재료를 주문하고 있다. 정말로 편리하고 삶의 질을 크게 높여 주기 때문이다. 30분 이내에 배송되어 집에서 그다지 요리를 하지 않는 사람에게는 좋은 선택지이다.

예를 들면 오후 4시경, 집에서 저녁을 먹고는 싶다고 생각했지만, 아직 일하는 중인 데다가 집에는 아무것도 없다. 이럴 때 당신은 어떻게 하는가?

퇴근 후에 슈퍼에 들릴까? 퇴근 후까지 남아있는 식재료는 좋은 물건을 다 팔리고 찌끄레기만 남아 있거나 더 이상 신선하지 않을지도 모른다. 슈퍼까지는 멀어서 일을 팽개치고 사러 갈 수도 없다.

이럴 때 후마프레쉬 앱을 사용해 식재료를 주문하면 당신의 회사나 집이 후미프레쉬 짐포 반경 3㎞의 배송 범위 내에 있다면 30분 이내에 신선한 재료가 당신에게 도착한다.

30분이라는 이 시간이 매우 중요하다. 왜 한 시간도, 두 시간도 아닌 30분일까? 알리바바 CEO 다니엘 장은 30분 이내 배송은 궁극의 서비스 체험이라고 보고 있다.

배송 서비스를 제일로 꼽는 것만으로 구매 의욕을 북돋아, 유저 인게이지먼트(engagement, 약속, 계약)를 형성한다.

3㎞ 이내라면 30분 내, 이 2개의 숫자는 엄밀히 계산된 것이다.

호우이는 30분이라는 시간은 생활 속에서 랜덤으로 보내는 시간의 한계라고 말한다. 왜냐하면 사람은 30분 이후 시간에 대해서는 그에 맞는 계획을 세우고 있어, 소비자 대부분은 주문하고 30분 내에 도착하길 희망하고 있다. 그래서 30분 이내에 배송하는 것은 최고의 선택이다.

반경 3㎞ 이내에 배송 범위를 제한하는 것은 시간적인 측면 이외에, 비용 관리의 측면도 고려하고 있다.

신선식품 EC의 난점(難点) 중의 난점은 콜드체인(cold chain)[02] 물류의 배송체제를 구축해야 한다는 점이다. 콜드체인 물류 시스템이 없으면 상품의 로스율이 높아지지만, 일단 채용하면 물류비용은 올라가게 된다. 그런데 반경 3㎞ 이내라면, 상온 배송으로 대체할 수 있어 물류비용을 큰 폭으로 줄일 수 있다.

---

02) 콜드체인(cold chain) 물류: 신선한 식료품의 냉동 냉장에 의한 유통방식. 수산물, 육류, 청과물 등의 신선한 식료품을 가정까지 저온으로 유지하여 신선도를 떨어뜨리지 않고 배달하는 물류.

그럼 3㎞ 이내 30분 이내 배송 속도는 어떻게 실현시켰을까?

후마프레쉬의 공식적인 답변은 다음과 같다.

빅데이터, 모바일 인터넷 스마트 IoT, 자동화 같은 테크놀로지와 선진 시설을 종합적으로 운용하는 사람, 사물, 장소의 삼자 간 최적의 매칭을 실현했다. 서플라이 체인(supply-chain)으로부터 창고에서 배송까지, 후마프레쉬가 스스로 완전한 물류 체제를 가지는 것으로 물류 효율을 큰 폭으로 올렸다.

그렇다면 '30분'은 어떻게 산출된 것일까?

사용자가 앱으로 주문한 순간 주문은 후마프레쉬의 데이터베이스에 전송되고, 매장에서는 픽업작업원이 바로 픽업을 시작한다. 배송 전용 보냉백에는 QR코드가 달려있어 작업원이 스캐너로 보냉백의 QR코드를 읽어내면 스캐너 상에 먼저 수주한 상품 명세가 표시되어 빠르게 상품을 패킹할 수 있다. 게다가 패킹 인력은 각자 담당하는 지정된 구역 내 상품만 패킹하면 되기 때문에 긴 거리를 이리저리 돌아다니지 않아도 되므로 작업 효율이 높아진다.

후마프레쉬의 상품 선반에 있는 가격표는 모두 모노클로 액정 스크린의 전자 선반지표를 채용하고 있다. 상품 가격은 모두 백 엔드(back-end)가 관리하고 자동 갱신돼 온라인과 오프라인 동시 가격을 실현해냈다.

상품의 패킹이 끝난 후, 패킹 인력은 상품이 들어간 보냉백을 매장 내의 천장 전체에 설치된 벨트 컨베이어 시스템에 연결된 훅에 걸친다.

이 시스템을 통해 보냉백은 가게 뒤에 있는 보관 겸 물류창고로 옮겨져 거기서 정리 및 패킹을 한다. 여기까지의 과정은 3분 이내에 완료한다.

마지막에는 점포 밖에서 대기하고 있는 배날원이 짐 상자를 스캔한 뒤 배송을 위해 출발한다. 백엔드는 배달원에게 배송경로나 배송처의 우선순위를 계산하여 전달한다. 이 선진적인 알고리즘에 근거하는 테크놀로지가 물류의 효율을 큰 폭으로 상승시키는 것이다.

고객 주문부터 상품이 배송차나 배송 오토바이에 실리기까지는 불과 10분밖에 걸리지 않는다.

어떻게 이 10분을 실현했을까? 호우이(後義)의 이력에 컴퓨터 사이언스 전공이 있다는 것을 기억하는가? **IT시스템으로 효율을 높인다.** 이 경우에는 이것이 가장 중요한 것이 분명하다.

▶30분 이내 배송은 '허세권(盒区房)'[03]을 만들어냈다

배달원은 20분 만에 신선식품을 주문한 고객에게 전달했다.

30분 이내의 배송을 위해서 배송 범위를 제한한 것이다. 배송 범위는 후마프레쉬 실제 매장의 반경 3㎞ 이내다. 후마프레쉬의 폭발적인 인기에 힘입어 일부 부동산 중개업소는 특별히 허세권(盒区房)개념을 내세웠다.

즉, 후마프레쉬 점포에서 반경 3㎞의 범위 내에 있는 물건인 것이

---

03) 허세권(盒区房): 한국 부동산 시장의 역세권 개념.

다. 부동산 중개업소는 고객에게 집을 소개하면서 "이 집은 학군방(학교가 가까운 집)일 뿐만 아니라 허세권이기 때문에 약간 월세가 비싸다"고 말한다.

이 정도가 되자 언론이 후마프레쉬는 '3㎞ 신생활 커뮤니티'를 창조했다고 보도했다. 후마프레쉬는 점포를 개장할 때마다 그 주변 주민들에게서 큰 환영을 받는다.

상하이시 타이웬로(太原路) 지엔궈씨루(建国西路)의 교차점 부근에 사는 이씨는 푸머후레쉬의 배송권 밖이었지만, 가정부에게 매일 두 블록 앞까지 걸어가 상품을 받아오도록 하고 있었다. 이후에 그녀는 과감히 배송권 내로 이사했다고 한다.

후마프레쉬가 30분 이내 배송의 실현에 전력을 다한 것은 주로 다음의 두 가지 이유 때문이었다.

첫째, 후마프레쉬의 최종 목적은 사용자에게 온라인 쇼핑을 하게 하는 것이다. 점포에 가지 않고도 온라인으로 주문할 수 있다. 온라인이야말로 재구매율을 높여 종래의 신선식품 슈퍼를 타파하고 진짜 매장 효율 혁명을 실현하는 방법이라고 판단한 것이다.

둘째, 후마프레쉬의 핵심적 가치는 온라인에 고객의 흐름을 유도하는 것이다. 오프라인 점포의 매장 효율에는 한계가 있다. 앱으로만 결제가 가능하고 매일 신선한 상품을 제공하는 모델, 궁극의 체험(UX), 30분 이내 배송 등 후마프레쉬가 실천한 것들은 모두 온라인으

로 사람들을 유도하기 위해서이다. 이렇게 해서 신선식품 슈퍼의 오프라인 점포의 새로운 정의가 태어난다.

30분 이내 배송은 온라인 사용자에게 인터넷 쇼핑은 결코 불편하지 않다고 느끼게 하기 위한 것이다. 심지어 실제 매장에 방문하는 것보다 편하다는 느낌마저 준다.

▶매장 효율 혁명은 완전히 다른 거래구조에서 태어난다

슈퍼 안에 레스토랑을 오픈하고, 앱으로만 결제할 수 있다, 머리 위에 벨트 컨베이어를 설치하고 30분 이내에 배송한다. 이 3개의 배경에 있는 로직은 단 하나이다.

바로 오프라인 점포의 새로운 정의로 후마프레쉬를 '오프라인 점포로 무장한 신선식품 EC 사이트'로 설계하는 것이다.

사실 이건 꽤 어려운 이야기다. '30분 이내 배송'과 '점포 창고 직결' 물류 체제는 쉬운 것처럼 보이지만 사실은 막강한 IT시스템의 백업이 필요하다. 상온 물류, 콜드체인 물류, 중앙 주방, 살아있는 어패류를 취급하는 물류배송센터와 일시적인 활어조(물고기가 살아 있는 수족관)도 거기에 포함된다. 이 물류 체제를 구축하는 데 1억 위안이 들었다고 한다. 하지만 이런 핵심 능력이 만들어지면 그 경쟁력은 일반 기업보다 훨씬 높아진다.

슈퍼 안에서 사서 그 자리에서 바로 먹을 수 있는 체험장(UX)을 제공하기도 쉽지 않다. 왜냐하면, 레스토랑과 슈퍼마켓은 각기 다른 영업 허가증이 필요하며 이 두 업종을 동시에 실시하려면 2개 관리 부문의 허가가 필요하기 때문이다. 그 때문에 호우이(後義)는 상하이시 정부를 설득하여 후마프레쉬를 인터넷 이노베이션(innovation) 프로젝트로 규정하는 특별 허가를 받았다. 앱으로 결제를 하는 것도 시작단계에서 여론으로부터 큰 압력을 받았다.

이렇게 후마프레쉬가 행한 일들은 호우이가 최초로 생각한 이 점포의 정의와 톱다운 설계에서 시작했다. 최종적으로는 온라인이 오프라인보다 훨씬 높은 매출액을 실현하고, 이 또한 바로 그가 생각하는 인터넷 신선식품 문제에 대한 솔루션이다.

비즈니스 모델의 실현 가능성이 일단 검증되자, 후마프레쉬는 동일한 방식의 점포의 여는 데에 스피드를 가속화하기 시작했다.

2017년 12월 31일까지 전국의 후마프레쉬 점포 수는 25개 점에 달했고, 청두시, 심천시, 북경시, 시안시 등 중국 각지에서 더 많은 점포가 문을 열 준비를 하고 있다(2019년 2월 현재 앞서 기술한 도시 이외에 광저우시, 창사시, 우한시 등 21개 도시에서 138개 점이 영업 중).

온라인에서는 이용자의 디지털화, 상품의 디지털화, 프로세스와 관리의 디지털화를 실현해 소매의 효율과 점포 및 물류의 운영 효율을 크게 높였다. 그 주요 소비자의 페르소나(persona)도 점차 뚜렷해졌는데, 온라인에서는 젊은이나 25세 이상 기혼여성, 회사원이 많고 오프라인에는 노인이 비교적 많다.

펩시코(펩시콜라) 이사회 회장인 인드라 누이(Indra Nooyi), 코카콜라 컴퍼니 CEO 제임스 퀸시(James Quincey), 스타벅스 대표이사 하워드 슐츠(Howard Schultz) 등 많은 세계 톱브랜드의 책임자들이 잇달아 후마프레쉬를 견학하러 왔다. 아마존 창업자 제프 베조스(Jeffrey Preston Bezos)는 후마프레쉬의 상하이 진차오점을 둘러본 뒤, 2017년 6월, 137억 달러의 거액을 들여 미국의 유명한 '홀 푸드 마켓'을 인수했다. 이는 아마존이 벌여온 투자 인수 중 가장 큰 투자 건이 되었다.

홀 푸드 마켓은 후마프레쉬와 비슷한데, 미국에서 가장 양질이라고 하는 천연 오가닉 식품을 판매해 중산층에게 헬시 라이프의 이념을 내세워왔다.

베조스는 후마프레쉬에게서 오프라인은 확실히 거대한 어드밴티지를 주며, 온라인과 오프라인의 융합에 의해 생기는 종합적인 반응은 매장 효율 혁명을 실현하는 충분한 가능성이 있다고 본 것이다.

샤오미와 후마프레쉬, 양 사는 뉴 리테일이라는 새로운 추세의 선구자이다. 매장효율 공식을 잊지 않길 바란다.

매장효율=(트래픽×구매율×객단가×재구매율)÷매장면적

인터넷, 빅데이터, 소셜 미디어, AI를 어떻게 구사할 것인가를 항상 생각하고, 그 변수를 끊임 없이 최적화해, 매장 효율의 한계에 도전하고 돌파해서 매장 효율 혁명을 일으키는 것이다.

제4장

불필요한 프로세스를 제거하여
효율을 높이는 '뉴 리테일'

이 책은 제1장에서부터 뉴 리테일은 더 고효율적인 소매유통이라고 일관되게 말했다.

제2장에서는 소매유통의 '장소'에 초점을 맞췄다. 그리고 정보의 흐름, 돈의 흐름, 물류를 재구성하여 보다 고효율적인 거래구조를 확립하기 위해 얼마나 데이터를 활용해야 할지에 대해 논했다.

제3장에서는 소매유통의 '사람'에 초점을 맞췄다. 그리고 소비자가 한 번 소매유통의 접점에서 퍼처스 퍼널에 들어가면, 사람의 흐름(트래픽), 구매율(컨버전율), 객단가, 재구매율(리피트율)을 올리기 위해, 또 잠재적 고객으로부터 충실한 고객으로 전환율을 높이기 위해서 기업은 어떻게 신테크놀로지를 활용해야 하는가를 논했다.

장소와 사람에 대한 토론을 거친 지금, 본 장에서 우리는 소매유통 속의 물건의 관점에서 뉴 리테일을 이해해 보자.

제1절
사람과 물건은 반드시 가게에서 만날 필요는 없다

▶ 이 상품의 서플라이 체인(supply-chain)은 합리적인가?

소매란, 상품 서플라이 체인(supply-chain)에 있어 마지막 프로세스다. 하나의 상품이 디자인에서 시작하여 생산에서 소비시장에 이르기까지의 체인 전체를 D-M-S-B-b-C로 정리한다.

기업은 D(디자인)로부터 상품을 구상해, M(생산), S(서플라이 체인)를 거쳐, 그리고 B와 b(대소의 판매점)를 거쳐, 간신히 C(소비자)와 만난다. 표 4- 1을 보면 직관적으로 이해될 것이다.

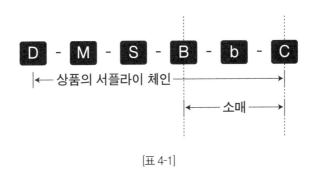

[표 4-1]

이 서플라이 체인 중에서는 여러 가지 종류를 다양하게 조합해 비즈니스 모델을 만들 수 있다. 소비자가 노점에서 쇼핑하는 것을 b2C라고 부르며 슈퍼에 가서 쇼핑하는 것을 B2C라고 부른다. 슈퍼가 소매점에서 상품을 사들이는 것은 B2B, 슈퍼가 소매점에 매장을 빌려서 상품을 판매하는 것은 B2B2C이다.

어떤 모델이든, 유통 경로가 몇 단계를 거치든 (서플라이 체인의 길이가) 어떻든 간에 소비자로서는 소매유통의 장소, 즉 B, 혹은 b를 통해 상품을 구입할 수밖에 없다.

왜 소비자는, 백화점 혹은 EC 사이트에서 상품과 만나지 않으면 안될까? 또, 왜 유통이 이루어지는 순간에는 지정된 시간, 지정된 장소에서 상품과 '약속'하지 않으면 안되는 걸까?

만약, 당신 집 근처에 있는 식품 제조사를 주말에 구경삼아 둘러 보았는데 때마침 사내 판매 프로모션을 하고 있었다.

"슈퍼에서 1상자 100위안인 쿠키를 겨우 20위안에 팔고 있어!"

너무 싼 가격에 사원 행세를 하고 몇 박스를 살지도 모른다.

이 경우 당신은 판매점(B, b)에서가 아니라 제조업체(M)로부터 직접 쿠키를 구매한 것이다. 이 모델에 이름을 붙인다면 M2C라고 부를 수 있을 것이다.

당신은 쿠키를 20위안에 구입해 이득을 보았지만, 그렇다고 식품 회사가 손해를 본 것일까? 그 회사도 손해는 보지 않았다. 왜냐하면 그들이 보통 서플라이 체인(S)에 판매하는 가격도 20위안이기 때문이다.

서로가 윈윈인 것이라면 왜 식품 업체들은 자신들이 직판매장을 열고 30위안으로 쿠키를 판매하지 않을까? 그렇다면 소비자는 70위안을 절약하게 되고, 식품업체도 10위안을 더 벌 수 있으니 나쁘지 않은 결과가 아닐까?

이 문제에 답하기 위해서는 우선 '소매유통'이라는 단어의 본질을 이해할 필요가 있다. '소매'는, 중국어에서는 '영수(零售: 소량을 팔다)', 영어에서는 '리테일(Retail)'이라고 한다.

중국어와 영어의 표기는 바로 비즈니스 형태가 갖는 두 가지 특징에 중점을 두고 있다고 할 수 있다.

중국어 영수(零售)의 '영(零)'은 소량, '수(售)'는 팔다라는 뜻이 있다. 즉, 적은 양을 파는 것을 말한다. 영어의 'Retail'의 'tail(꼬리)'은 '말단'이라는 뜻을 강조해 소비자와 직접 대면하는 것을 의미한다.

소매유통이란 소량의 상품을 말단 소비자에게 파는 것이다.

소매라는 말은 도매와 대조해 존재한다. 도매란 대량의 상품을 중간 소매 기업에 판매하는 것이다.

그럼 여기서, '어째서 식품 메이커는 자신이 직접 가게를 오픈하지 않는 것인가?'에 대해 분석을 해 보자.

식품 업체들이 쿠키를 소매 기업에 도매할 경우, 소매 기업과 판매 상담에 1시간가량을 소비해, 쿠키 1,000상자를 판매하여 박스당 10위안의 이익을 내어 총 1만 위안의 이익을 얻을 수 있다.

그러나 식품 업체들이 쿠키를 직접 소비자에게 판매할 경우, 비록 소비자와의 커뮤니케이션에 시간을 쓰지 않고, 1박스당 20위안의 이익을 더해서 판매한다고 해도 최종 소비자는 2상자만 구매하여 총 40위안의 이익밖에 얻을 수가 없다. 도매와 같이 고객과의 커뮤니케이션 시간을 1시간으로 계산한다 해도 이익은 최대 400위안밖에 올릴 수 없다.

이 식품 제조업체의 시간당 코스트는 1,000위안이며 소매 기업과 상담한 1시간, 즉 1,000위안의 코스트로 1만 위안의 이익을 올린 셈이다. 그러나 소비자를 향한 직접 판매는 소매 가격은 높지만 단 400위안밖에 매출을 올릴 수 없고, 절대 코스트(1시간 1,000위안)를 커버할 수 없다. 게다가 소비자에게 직접 판매하는 경우, 반품이나 교환, 혹은 먹는 방법에 대한 문의 전화 등에 대응하는 애프터서비스가 상대적으로 귀찮고 번거롭다.

메이커(M)의 대부분은 왜 소비자(C)와 대면하고 싶지 않은 것일까? 왜, 직접 M2C모델을 채용하고 자사 판매를 하지 않을까? 왜냐하면 소비자의 구입량은 적고 귀찮기 때문이다. 제조사는 빠른 박리다매를 선택하고 소매 기업은 번거롭기는 하지만 후리다매(厚利多売: 박리다매의 반대)를 선택해, 도매가격과 소매가격의 차액을 벌어들인다.

각자가 각자의 포지션에서 각자의 역할을 다한다. 어떤가, 합리적이지 않은가? 그러나 이 같은 상품 서플라이 체인(supply-chain)은 다음의 문제를 불러온다. 그것은 정배율이 매우 높아지는 것이다.

▶ 정배율이 높은 원인은 거래 비용 체계 때문이다

정배율은 상품의 소매가격을 비용으로 나눈 배수다. 제조 비용이 100위안인 상품을 500위안으로 판매할 경우, 정배율은 5가 된다. 왜 제조 비용이 100위안인 상품을 500위안으로 판매하는 것일까?

이 400위안의 차액은 필요한 것인가?

필요하다. 당신 대신에 누군가가 온 세계를 돌아다니며 상품을 고르고, 당신이 여기저기 뛰어다니는 비용을 절약하는 데는 돈이 들어간다. 또한 선택된 상품을 당신이 있는 도시까지 배송하는데 돈이 든다.

도시에 도착한 상품이 전국의 총대리점, 각 지역의 대리점, 소매유통 기업과 같은 몇 단계의 채널을 거쳐 점포에 납품되고, 점포 내에서 진열되어 손님에게 판매될 때까지도 돈이 들어간다.

만약 당신 자신이 이 모든 프로세스들을 진행했다면 그 비용이 400위안만 들지는 않을 것이다. 이 400위안은 이들의 거래를 촉진하기 위해서 필요한 지출이다.

처음 100위안이 제조 비용이라면 이 400위안은 거래 비용이다.

나는 어떤 브랜드의 가죽 구두를 아주 좋아한다. 그 신발의 시장 판매가격은 1켤레가 1,500위안이다. 내 친척이 이 브랜드의 장쑤성(江蘇省)의 총 대리점을 했는데 나는 거기서 1켤레당 250위안에 구매할 수 있었다. 단 250위안으로 백화점에서는 1,500위안에 판매하는 가죽 구두가 손에 들어오는 것이다. 게다가 그 업체의 구입 가격은 150위안으로 이 구두의 정배율은 10이다.

10이라는 고정률은 높은 것일까? 10의 정배율이 가장 높은 것은 아니다. 화장품, 쥬얼리, 안경 등 많은 상품의 일정 배율은 10을 훨씬 넘는다. 예컨대 어떤 브랜드의 향수 판매가격은 780위안으로 원자재 비용은 15.6위안이다. 이것을 계산해 보면 정배율은 50이 된다.

상품의 특징에 따라 중간 단계에서의 노력 수준은 다르며 정배율도 각각 다르다. 테크놀로지가 기본적으로 안정돼 온 상황에서 各 업세는 점차 안정적으로 거래 비용을 조절하게 됐다. 그리고 오늘날 중국의 각 업계의 평균적인 고정률은 4정도가 되었다. 하지만 세계 평균과 비교하면 중국 내 제품의 정배율은 여전히 높다.

그것의 가장 큰 원인은 거래 코스트의 프로세스에 있다. 상품의 밸류 체인이 너무 길고, 상품에 가산되는 코스트가 너무 비싼 것이다.

어떻게 하면 좋을까? 그것은 효율을 올려 다른 기업이 실현할 수 없는 가격을 설정해 정배율을 낮추는 것이다.

경영관리학의 거장 피터 드러커는 이렇게 말했다.

"현재의 기업 간 경쟁은 제품 간 경쟁이 아니라 비즈니스 모델 간의 경쟁이다."

▶ 비즈니스 모델이란 무엇인가?

비즈니스 모델이란, 기업의 이해 관계자(스테이크 홀더)의 거래구조이다. 소매 기업은 고객에 대한 생각, 제품에 대한 생각뿐만 아니라 동시에 거래구조에 대한 생각을 가지고 자신의 비즈니스 모델을 최적화해야 한다.

어떻게 최적화할 것인가? 소비자에 대처할 뿐만 아니라 상품의 공급망에도 눈을 돌려 신테크놀로지를 활용하여 비효율적인 프로세스는 버리고 최적화, 단락화를 도모해야 한다.

이러한 중간의 불필요한 프로세스를 삭감함으로써 효율을 올리는 뉴 리테일의 동향을 '단락경제'라고 부른다. 단락경제는 주로 다음 두 가지로 나타난다.

첫째, 과정을 생략한다. 메이커(M)와 소매 기업(B)사이의 서플라이 체인(S)을 생략하고 M2B의 단락 모델을 형성한다. 예를 들어 과일가게라면 중간 도매상을 거치지 않고 현지 과수원과 직거래를 하는 방식이다.

둘째, 상품 유통을 역행한다. 예를 들면 공동구매 사이트처럼 소매 기업(B)에서 소비자(C)에의 상품 유통을 역행하여, 소비자가 소매 기업에게 역으로 제안하는 식이다. 이 경우 C2B의 단락경제 모델을 형성한 것이다.

신테크놀로지를 가능한 한 활용해, 상품 서플라이 체인(supply-chain)안의 불필요한 프로세스를 생략하고, 정배율을 낮춰서 소비자에게 하이 코스트 퍼포먼스의 상품을 제공한다. 그렇지 않으면 소비자는 소매 기업을 뛰어넘어 상류로 올라가 강 위에 있는 기업, 나아가 제조업체까지 직접 찾아갈 것이다.

이번 장에서는 단락경제가 어떻게 작동하는지 몇 가지 사례를 들어 설명한다.

코스트코는 소매유통의 '우등생'

▶왜 모든 소비자를 고객으로 만들지 않는가?

미국에는 고효율 유료 회원제 창고형 슈퍼마켓 체인인 코스트코가 있다. 코스트코의 상품은 고품질에 저가격이라고 소문이 났고, 유료 회원과 함께 내점한 가족이나 친구만이 쇼핑을 할 수 있다.

코스트코는 세계 최고의 월마트에 이어 세계 제2위의 소매유통 기업이다. 경쟁사인 월마트보다 20년 늦게 탄생했고 매출액도 월마트에 비해 한참 떨어지지만, 객단가는 월마트의 2배 이상, 매장 효율도 2배에 달한다.

2017년 〈포춘〉지의 '포춘 500'(미국 상위 500개의 총수입 랭킹)에서 코스트코는 16위에 올랐다.

코스트코는 언론에 광고를 낸 적도 없고 전문 PR팀도 없다. 전설의 투자가 워런 버핏의 유일무이한 파트너, 찰리 멍거(Charlie murger)가 무덤까지 가져가고 싶은 기업 주식이 코스트코라고 한다.

코스트코는 아직 중국시장에 진출하지 않았음에도 중국 학생들은 코스트코 상품을 많이 갖고 있다. 전통적인 백화점이나 슈퍼, 온라인 트래픽이 고갈되고 있는 인터넷 기업, 그리고 벤처 비즈니스의 기회를 놓치지 않으려고 하는 투자회사 등을 포함한 많은 중국 기업이 코스트코를 본보기로 하고 있다.

샤오미 CEO 레이쥔은 샤오미의 설립에 깊은 영향력을 미친 기업이 3개 있다고 말했다.

첫 회사는 퉁런탕(同仁堂 동인당, 중국을 대표하는 한방 전문점)으로 이 회사는 상품 품질을 지키는 것을 가르쳐 주었다.

두 번째는 하이디 라오(海底撈火鍋, 훠거 전문 레스토랑 체인점)으로 예상을 뛰어넘는 사용자의 입소문의 중요성을 느끼게 해줬다.

그리고 세번째가 바로 코스트코로, 고품질의 상품을 얼마나 더 저렴한 가격으로 판매할 수 있는지를 이해시켜 주었다.

코스트코의 상품에는 몇 개의 특징이 있다.

①아주 저렴하다. 레이쥔은 코스트코의 매장을 둘러본 뒤, 언론에 이렇게 소감을 밝혔다.

"3, 4년 전에 경영 상층부의 사람들과 함께 미국으로 출장을 갔을 때였다. 그들은 비행기에서 내리자마자 코스트코에 들렀고, 저녁에 돌아와서 쇼핑의 성과를 내게 보여주었다. 치타모바일(獵豹移動公司) CEO 푸성(傅盛)이 무엇을 샀는지 묻자 샘소나이트 캐리어 초대형 사이즈 1개, L사이즈 1개, 총 2개의 가방을 샀다고 했다. 이것들이 베이징에서는 얼마에 판매되고 있는지 아는가? 합계로 약 9,000위안이다. 그럼, 코스트코에서는 합계 얼마에 판매하고 있는지 알고 있을까? 바로, 단 900위안, 약 150달러이다. 나는 그 말을 듣고 경악했고 그 후 본격적으로 코스트코가 어떤 기업인지 연구를 시작했다."

②패키지 사이즈가 매우 크다. 감자칩 대(大) 한 봉지는 중국의 5킬

로의 쌀자루와 같은 크기이고 거대(巨大)패키지의 쇠고기는 소의 다리 하나 정도의 양이다.

③종류는 적지만 충분히 선택할 수 있다. 품실이 좋기 때문에 그 상품의 본질만 보고 선택하면 된다.

매번 코스트코에 갈 때는, 미국 동료의 회원카드를 빌리거나 데려가 달라고 부탁한다. 왜 코스트코는 모든 소비자에게 문호를 개방하지 않는지, 구입자는 많으면 많을수록 좋지 않을까 하는 의문이 들지도 모른다.

이런 쇼핑 경험은 없을까? 중국 슈퍼마켓에서 잔뜩 쇼핑을 하고 계산하려고 할 때 점원이 회원 카드를 갖고 있느냐고 묻는다. 없다고 대답하자 점원은 주머니에서 자신의 카드를 꺼내 들어 스캔한 뒤 계산을 했다. 당신은 기뻤을 것이다. 상품은 모두 회원가격으로 계산할 수 있었으니까. 그리고 점원도 기뻤을 것이다. 포인트를 자신의 카드에 모을 수 있었으니까. 하지만 코스트코에서는 회원카드가 없으면 계산도 할 수 없고 점포에 들어갈 수조차 없다.

다른 소매유통 기업이 매출 향상을 위해 필사적으로 고객을 유인하려 할 때 코스트코는 거꾸로 일부 고객을 매장에 들이지 않는 완전회원제를 실시했다. 일반 회원은 연회비 60달러, 이그젝큐티브 회원은 연회비 120달러로 연간 2%, 최대 1,000달러까지 현금 캐쉬백을 받을 수 있다. 부가가치 서비스를 제공하는 일반적인 회원제와 달리 완전회원제는 회원만 입점해 쇼핑을 할 수 있다는 뜻이다.

▶회원제가 코스트코를 이끌어간다

왜 회원카드가 없으면 쇼핑을 못하는가?

이 문제를 이해하려면, 우선은 코스트코의 회원제도를 제대로 파악하고 코스트코의 회원제 버전의 단락경제 모델을 이해해야 한다.

자료에 따르면 코스트코 회원비에 따른 연간 수입은 약 20억 달러, 2017년 회계년도의 순이익은 26.8억 달러로, 요컨대 코스트코 전체의 이익은 주로 회원비라는 것을 의미한다.

회원제는 코스트코에 많은 메리트를 가져왔다. 우선 고객 타깃의 범위를 축소한 것으로 타깃을 중산층 가정으로 압축했다.

'회원비 지불 여부'는 타깃의 구매력을 구분하는 가장 심플한 기준이 되며, 회원비라는 장애를 통해 비교적 정확하게 타깃군을 스크리닝 할 수 있다. 그것과는 대조적으로 회원 데이터의 모니터링은 단순화해 서비스 수준이나 운영 효율을 보다 용이하게 향상할 수 있게 했다.

또 회원제는 사용자의 고객 로열티를 높였다. 같은 가격이고 같은 품질의 상품이더라도 소비자는 이미 연회비를 냈으니 연회비에 맞게 우선적으로 그 쇼핑센터에서 쇼핑하려고 한다. 그런데 코스트코는 더 싸고 품질도 최상이므로 주저 없이 코스트코를 이용하는 것이다.

이러한 계속적인 선순환 속에서 소비자는 자신이 선택한 브랜드를 한층 더 인식하고 비교적 높은 유저 인게이지먼트를 유지시키는 것이다. 코스트코 회원의 회원 지속률은 90%에 이르고 매년 코스트코의 안정된 수입에 기여하고 있다.

코스트코 CFO 리차드 갈란티(Richard Galanti)는 2017년 회계년도의 제3분기에 코스트코는 총 1,830만 명의 VIP 회원을 보유하고, 매출액은 200억 달러로 이는 총매출액의 약 70.9%를 차지한다고 발표했다.

그렇다고는 해도 왜 모두들 60달러, 혹은 120달러를 지불하면서도 매우 단순하고 소모적인 회원비를 내는 회원의 신분을 손에 넣고 싶어 하는 걸까?

그것은 분명 다른 매장보다 코스트코에서 쇼핑하는 것이 절약이 되고, 그렇게 절약한 금액은 회원비를 훨씬 웃돌기 때문일 것이다.

▶저가격, 입소문, 회원비가 이익에 공헌하다

회사의 주요한 이익이 회원비에서 나오는 비즈니스 모델은 코스트코에게 단락경제의 길을 걷게 했다. 과감하게 중간 프로세스를 싹 잘라내고 상품 가격을 최대한 낮추기 위한 원동력을 준 것이다.

어떻게 하면 상품 가격을 최대한으로 내릴 수 있을까?

상품의 판매가는 주로 두 요소에 좌우된다. 첫째는 매입가격이고 둘째는 소매유통 기업의 순이익(純利益: 매출액에서 매입액을 뺀 이익)이다. 막강한 회원제도 덕분에 코스트코는 이 2가지 요소의 가격을 최대한 낮출 수 있었다.

구입 가격면에서는 최소 SKU(Stock Keeping Unit: 재고 관리 단위. 간단히 말하면 상품의 단품 수를 지칭) 전략을 채용했다.

월마트 상품의 경우에는 약 10만 종류의 상품(SKU)이 있고 각 카테고리의 종류가 풍부하며 소비자에게 다양한 선택사항을 제공한다. 하지만, 코스트코에는 회전율은 높지만 단 4,000 종류의 상품(SKU) 정도밖에 없다. '히트 상품'이 될 수 있는 포텐셜이 살아 있는 상품을 선택, 진열해서 카테고리마다 선택사항은 많지 않지만, 그 모든 것을 엄선된 고품질 상품으로 채운다. 게다가 패키지는 크고 내용량도 많다.

또, 적은 상품 수는 발주, 추적, 진열 비용을 줄여 재고 관리 비용을 절감하게 했다. 코스트코의 재고 회전 기간은 불과 2.5일로, 월마트의 목표 5일에 비교해서 짧다. 이러한 재고 회전 기간의 단축에 의해 운전 자금 효율이 상승하여 경영 코스트도 어느 정도 줄어들었다.

한편으로 단일 카테고리 내의 상품 수가 적기 때문에 단품 발주 수량도 적정한 규모로 유지하고, 각 카테고리에서의 브랜드 간 경쟁도 감소한다. 이에 따라 납품하는 제조업체에 대해 강도 높은 태도로 가격협상을 할 수 있어 매입가를 상당히 낮출 수 있다.

총 이익률 면에서는 모든 상품은 총 이익률이 14%를 넘어서는 안 된다고 하는 사내 룰이 있다. 만약 이것을 넘으면 CEO의 승인이 필요하게 되고, 아울러 이사회의 승인도 필요하다. 그러나 과거 이사회에서 이 룰에 대하여 승인 받은 적은 한 번도 없다.

코스트코의 이익은 주로 회원의 회비에 의존하며, 상품의 순이익은 운영비용을 커버할 수만 있다면 충분하므로 상품 자체에서 더 많은 이익을 올릴 필요가 없는 것이다. 또, 코스트코의 프라이빗 브랜드(자사 브랜드)는 매우 유명하다. 품질면에서도 가격면에서도 소비자로부터 큰 기대를 받고 있으며 코스트코는 프라이빗 브랜드에 대해서도 회원들에게 과한 가격을 받을 생각이 없다.

코스트코의 자사 브랜드 '커클랜드'는 미국에서 매출 1위 건강식품 브랜드다. 오랜 세월 질 좋은 품질로 신뢰를 쌓고 입소문으로 높은 주목을 받아 북미에 있는 수많은 건강식품 브랜드 중에서 가장 훌륭한 평가를 얻고 있다.

코스트코는 회원제 모델과 최소 상품 보유(SKU) 전략을 통해 강한 가격 협상력을 얻었다. 프라이빗 브랜드는 중간 소매업자의 프로세스를 생략했다. 메이커(M)로부터 직접 구입해서 매우 효율적으로 자신의 매장(B)에 상품을 진열했다. 중간 서플라이 체인(S)을 생략함으로

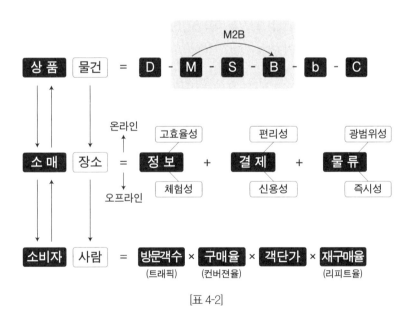

[표 4-2]

써 상품 서플라이 체인(supply-chain) 전체의 효율을 최대한으로 해, 코스트코는 B로서 단락경제모델의 대표적 존재가 되었다. 이런 모델을 M2B라고 부른다(표 4-2 참조).

그 외에도 코스트코는 리텐션 마케팅(retention marketing: 고객과의 관계를 유지하면서 구매율을 올리려는 마케팅 노력)에도 지출이 거의 없다. 코스트코는 마케팅 비용으로 책정한 매출액 대비 2%도 잠재고객에게 메일을 보내거나 기존고객에게 쿠폰을 배포하는 정도만 쓰고, 광고에 대해서는 예산은 거의 할당하고 있지 않다. 각 회원은 가족이나 친구 중 단 1명만 동반하여 함께 쇼핑할 수 있다는 룰이 잘 지켜지고 있어, 어느 정도는 입소문으로 광고 효과를 얻었다.

코스트코는 아직 성장 단계에 있다. 과거 10년간의 매출액 평균 증가율은 월마트가 5.9%, 코스트코는 무려 9.1%를 달성했다. 참고로 코스트코의 원래 목표는 5%였다.

고정률 1의 기업이 창업 4년 만에
연간 매출액 100억 위안을 달성

▶미니소(MINISO)의 판매가격은 메이커 출하가격

2013년, 중국 청년기업가 예궈푸(葉国富)는 미니소(名創優品)를 설립했다. 아이 브로우(눈썹 그리는 화장용 펜슬), 충전 코드, 장난감 등 일용 잡화를 판매하는 회사다.

처음 이 회사는 기존의 소매 비즈니스를 넘어설 수 없을 것처럼 보였다. 그러나, 일용 잡화업계의 고정률이 3라고 불리는 상황에서 미니소는 고정률 1을 실현했다. 이 말은 즉, 미니소의 판매가격은 기본적으로 메이커의 출하가격이라는 것이다.

미니소는 불과 3년의 창업기에 국내에서 1800개, 해외 50개 국가와 지역에 300여 점포를 오픈했다. 연간 매출액은 0위안에서 출발했지만, 설립 4년 후에는 100억 위안을 달성했다.

인터넷 판매 플랫폼의 기세에 눌려 기존 소매업계에서는 도산이나 폐점이 다반사로 이어져 길거리에 나앉는 이들이 넘쳐나는 요즘, 예궈푸는 저력을 발휘하여 오프라인 매장의 미래에 큰 자신감을 심었다. 그는 향후 3~5년 내에 e커머스의 대부분은 망할 것이라고 말했다.

그는 이렇게 단언했다.

"마윈과 왕젠린의 승부지만 나는 마윈이 반드시 질 것이라고 생각한다. 만약 실체가 있는 소매가 패한다면 내가 왕젠린 대신 돈을 내겠다."('1억 위안 도박' 19페이지 참조)

미니소의 배경에는 도대체 무엇이 있는 것일까. 궈푸(国富)가 두 명의 내노라하는 부자 사이에 벌어진 도박에 끼어들 만한 비밀병기는 무엇일까? 예궈푸의 비즈니스 모델을 알아보자.

▶황금 지역에 있는 작은 비즈니스

미니소 산하에 있는 점포는 대부분 100~200㎡ 정도의 '소규모 가게(b)'로 코스트코와 까르푸 등의 2층 건물 슈퍼와 비교하면 매장 면적이 매우 작다.

비록 점포는 작지만, 입점한 위치가 매우 좋다. 대부분의 점포가 쇼핑센터 안이나 사람들의 왕래가 많은 보행자 천국에 위치하고 있다.

많은 사람이 몰리는 인기 있는 거리는 대부분 주변에 먹고, 마시고, 고르고, 구매까지의 일체화 서비스를 제공하고 있다. 때문에 사람들은 맛있는 음식을 먹고 카페에 가고, 영화를 보고 요가 레슨을 받거나 스파에서 릴렉스 하는 김에 미니소 매장에 들어가 쇼핑을 하는 흐름이 생겨난다.

이는 소비자의 쇼핑에 걸리는 시간 비용을 최대한 줄여주었다.

하지만 사람들이 몰리는 곳은 점포 임대료가 싸지 않다. 그런데 미니소는 어떻게 집세가 비싼 장소에서 일용 잡화를 초저가로 판매할 수 있을까?

나는 언젠가 한 번 예궈푸의 미니소는 전형적인 단라경제라고 말한 적이 있다.

이 소규모 점포의 가장 대단한 점은 1,000개 이상의 b의 구매력을 가지고 직접 회사(M)에게 가서 구입을 하기 때문에 중간의 총대리점이나 지역 대리점 등, 각 단계의 대리점이 존재하지 않는다. 그러므로 일용 잡화상품의 유통은 단축되고 M2b 거래가 된다.(표 4-3참조).

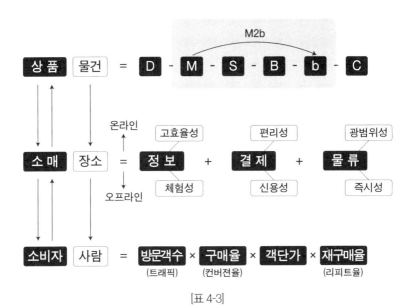

[표 4-3]

▶개인이 투자하고 관리는 본사에서

예궈푸는 혼돈대학(混沌大学)[01]의 강연에서 다음과 같이 말했다.

"일찍이 있었던 몇몇 대리점과 가맹점 시대는 이미 과거가 되었다. 오늘날 인터넷 시대에는 정보의 투명도가 높고, 대리점이나 가맹점과 같은 봉건적인 게임은 아무도 하지 않는다. 이케아, 유니클로, 코스트코는 가맹점이나 대리점이 일절 없고 전 점포가 직영점으로 운영된다. 미니소도 전국을 본사가 직접 운영하며, 이른바 가맹점이란 없다, 상품은 직접 공장에서 매장으로 운송되고 중간 프로세스는 단 하나도 없다. 우리에게 가맹점이란 단순한 점포 투자자로 이들에겐 아무런 경영권이 없다. 점장이나 점원은 직접 본사에 업무보고를 하고 어떤 의견이 있을 때는 직접 본사에 상담을 하러 온다. 이런 모델은 의사소통을 가장 짧게, 효율은 가장 크게, 가격은 가장 저렴해지는 효과를 가져온다."

여기서 언급된 '우리에게 가맹점이란, 단순한 점포의 투자자'라는 것은 과연 어떤 의미일까?

예궈푸는 직영점과 가맹점의 중간인 '직관(直管:직접관리)'이라고 불리는 운영 모델을 채용했다. 직영은 회사가 스스로 투자해서 회사가 관리한다. 가맹점이란 누군가가 투자하고 그 투자한 누군가가 관리한다. 그리고 직관은 누군가가 투자하고, 회사가 직접 관리하는 운영 모

---

01) 혼돈대학(混沌大学): 중국의 테크업계에서 일하고 싶은 사람들이 듣는 온라인 수업. 1,000위안을 내고 1년간 온라인으로 중국 기업의 대표나 엔젤 투자회사의 경영자들에게 수업을 들을 수 있다.

델이다. 좋은 입지와 출자금이라는 두 가지 물건을 가지고 온 투자자들에게 미니소는 이렇게 말한다.

"당신은 이익분배를 기다려주세요, 점포 관리는 저희가 힐 테니까요."

▶티끌 모아 태산을 만든 규모의 효과

예귀푸는 직관 모델로 빠르게 1,000개 이상의 작은 가게(b)를 모았다.

그리고 이 1,000개의 작은 가게가 가진 구매력을 토대로, 직접 제조회사(M)를 찾아 대규모 구입을 일시불로 한다. 그리고 미니소는 같은 품질 조건으로 출하가격을 반값으로 해달라고 요구했다. 제조사는 고민 끝에 그것을 승낙했다. 왜냐하면 그들이 신경 쓰는 것은 순이익률(매출-매출원가)이 아니라 '이익의 절대치'이기 때문이다. 제조사에게는 당연히 기쁜 일이다.

그리고 미니소는 브랜드 가치로 8~10%의 순이익을 상품 가격에 얹어 그것을 미들이나 백엔드의 데이터, 창고, 매입 등과 같은 브랜드 운영비로 사용하며 운영을 지원한다.

예귀푸는 전국 7곳에 창고를 건설했다. 각 공장이 생산을 마치면 지정 수량의 제품을 직접 그 각 지역에 있는 창고로 반입한다. 이 7개의 창고는 미니소와 제조업체의 공동 창고라 할 수 있다.

각 점포의 운영 데이터에 근거해, 배송관리 종업원은 각각의 창고에서 상품을 피킹해서 각 점포에 배송한다. 점포는 32~38%의 순이익을 상품가에 얹어, 전월세와 점원의 월급, 최종 부분의 물류비 등을 커버한다.

한번 계산해 보자. 만일 본래 업체의 출하가격이 1위안, 소매가격이 3위안이라고 해보자. 가격 협상 결과, 출하가격은 절반의 0.5위안으로 떨어지고 8~10%의 브랜드 운영비와 32~38%의 점포의 이익을 추가하더라도 최종 소매가격은 1위안에 미치지 못한다

부피가 작은 상품은 M에서 창고, 창고에서 b로 이동시켜 단락경제의 모델을 실현했다. 부피가 비교적 큰 상품, 예를 들면 슈트케이스 등과 같은 상품들은 제조사에게 '공장 쉐어'를 부탁했다. 즉, 공장을 창고로 간주하고, 발주 후에 직접 공장에서 점포에 제품을 운송하는 것이다.

이처럼 여러 가지 방법을 사용하여 중간 프로세스를 생략해 효율을 높였다.

이것이야말로 미니소의 '단락경제' 모델이다. M2b의 모델을 이용하여 S와 B를 줄이고 단 4년 만에 거대한 성공을 거뒀다.

예궈푸 본인은 오프라인 소매유통의 대표로서 e커머스의 도전을 받고 싶다고 한다. 그러나 나는 그를 만났을 때 이렇게 말했다.

"사실 당신은 e커머스처럼 고효율로 저효율을 이겨내려고 합니다. 뉴 리테일은 결코 온라인과 오프라인의 싸움이 아니라 고효율과 저효율의 싸움입니다."

예궈푸의 미니소는 그 전형적인 케이스이다.

중개 서비스를 효율화하여 모두 이익을 얻는다

▶중고품 거래 시장은 보물더미

사용하지 않고 방치되어 있는 중고품을 사고파는 중고품 거래는 비즈니스 세계에서는 일관되게 거대한 케이크로 여겨져 왔다.

경제 발전으로 인한 사람들의 구매력 향상과 함께, 인터넷 쇼핑의 폭발적 인기와 소비의 업그레이드가 뒤를 받쳐주면서 중고품 거래는 점점 중요한 전쟁터가 되었다. 2016년 중국의 중고품 시장 규모는 추정이지만 약 4,000억 위안을 유지하고 있다. 그러나 중고품은 인기가

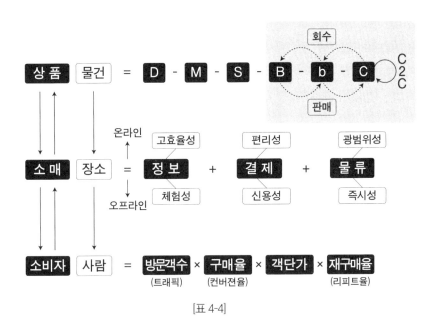

[표 4-4]

있지만, 위험요소도 많다. 과거, 집에서 쓰지 않는 물건을 판매할 때에는 C2b2B2b2C의 프로세스를 통해야만 했다.

이 프로세스에 대한 설명을 들어보자. 우선 중고품을 파는 일반인(C)에게 중고품을 회수하는 사람(b)이 방문하여 회수하도록 한다. 그들은 항상 작은 트럭을 타고 '고장 난 전자제품이나 컴퓨터 삽니다!'하고 골목골목을 누비는 사람들이다. 그다음, b는 회수한 중고품을 정리해서 폐품 회수업자, 혹은 중고품 도매업자(B)에게 인도한다. 중고품 도매업자(B)는 이들을 다시 정리하여 노점상(b)에 판매한다. 그리고 중고품을 사고 싶은 사람(C)은 여기에 가야 물건을 살 수 있다.

이들 노점상이나 중고품 소매상에는 대개 좋은 사람과 나쁜 사람이 섞여 있다. 제시한 가격에 근거가 없고 품질보증이나 에프터서비스(AS)도 없다. 이런 것들이 중고품 소비시장의 발전을 제한해왔다.

중고품 거래 시장은 단락경제의 모델을 이용해 중간 프로세스인 도매업자(B)와 소매업자(b)를 생략하고 효율을 올릴 수 있을까?

고민하던 때, C2C(개인대 개인)가 중고품 거래 시장의 이상적인 비즈니스 모델이 되었다. (표 4-4참조).

▶시엔위의 특징은 커뮤니티에서 환영받은 C2C 모델

2014년 6월 29일, 중고품 거래 커뮤니티 어플리케이션, 시엔위(閑魚, Xianyu, 알리바바의 벼룩시장, 중고거래 플랫폼)의 서비스가 개시되었다.

시엔위를 통해서 사용하지 않은 물건을 판매하고 싶은 경우, 우선 사이트상에 상품을 게재하고 사용상황이나 품번 등 가능한 한 상세한 설명을 붙여 자신이 합리적이라고 생각하는 판매가격을 설정한다.

만약 누군가가 그것을 갖고 싶은 사람이 있으면 시간을 약속하고 상품을 가지러 오도록 한다. 이것이 C2C(개인간의 직접 거래)로 중간의 프로세스를 모두 생략하고 효율을 대폭 끌어올렸다.

이 C2C 모델에서는 누구나 공급자가 되기도 하고 수요자가 되기도 한다. 모바일 인터넷 기술을 활용한 모델 자체를 중개화한 것이다. 공급(C)측과 수요(C)측이 모바일 인터넷의 플랫폼에서 직접 거래를 완료함으로써 몇 개의 중간상들에게 이익을 나눠주는 일이 없어진다.

2017년 11월의 시엔위 이용자 수는 2억 명 이상, 판매자의 액티브(활성화) 이용자 수는 1,600만 명을 넘어, 광범위하게 분포된 위탕(魚塘, 시엔위의 커뮤니티를 말한다)은 45만 개, 사용자의 액티브 도(度)는 41%에 달했다. 현재, 인도, 일본, 남아프리카 등의 지역에서도 활동 중인 위탕이 나타나고 있다. 시엔위의 사용자 남녀 비율은 대략 1대 1이다. 업그레이드 및 모델 체인지가 빠른 영유아 상품을 거래하는 엄마들은 시엔위 중 가장 활성화된 사용자 집단 중 하나다. 새로운 것을 좋아하는 대학생과 디지털 제품 매니아들도 시엔위 커뮤니티를 즐기고 있다.

또 일부 단신구(单身狗: 중국의 인터넷 용어로 애인이 없는 사람을 일컫는 말. 솔로, 미혼자) 사용자는 중고품 판매가 아니라 자신의 사진을 올려 본인을 판매하고 커뮤니티에서 사용자 간 교류를 즐기는 이용방법도 만들어냈다. 이용자는 시엔위를 커뮤니티로 이용하고 그 과정에서 자연스럽게 거래가 태어난다. 시엔위의 앱에서 사용자 간의 거래, 대화, 오락 등이 생겨났고 이렇게 시엔위는 활성도가 높은 모바일 커뮤니티가 되어 일종의 유행하는 문화가 되었다.

시엔위의 경매에서는 매달 5,000만 명의 사용자가 희귀한 상품을 찾고 있다. 인기 연예인들이나 인터넷 스타들의 애장품, 예를 들면 가수 왕페이(王菲)의 〈반야심경(般若心経)〉의 필사본 같은 것들이다. 여기에는 심지어 대형 여객기 보잉 747기 같은 상품도 출품된 바 있다. 또 관공서의 경매거래도 시엔위를 중요한 플랫폼으로 사용하고 있다.

중국의 인터넷 동영상 인플루언서(influencer, 한국의 BJ), 영향력 있는 커뮤니티의 파피장(papi醬, 한국 커뮤니티의 방장), SNS에서 수십만 명의 팔로워를 보유하고 있으며 트랜드를 선도하는 파워블로거들의 자발적 광고 효과도 이들 커뮤니티의 활성화를 끌어올리고 있다.

한국의 경우에도 아프리카 TV, 카카오 등 영향력 있는 플랫폼사이트의 인기 BJ나 수십만 명의 팔로워를 거느리고 트랜드를 이끌어가는 파워블로거의 커뮤니티들이 활발하게 활동하고 있다.

2017년 시엔위의 최신 사용자 보고에 의하면 55%가 16~27세의 젊은 누리꾼으로 그들이 과거 1년간 게재한 거래 정보는 1억 6,800만 건, 한 명당 평균 3,456위안의 수익을 냈다고 한다. 이것은 그들의 반달, 혹은 한달치 월급에 이르는 금액이다. 중고품 거래로 말이다.

여기서 어떤 문제에 대해 생각해보자.

전통적인 프로세스인 '개인 → 소매상 → 도매상 → 소매상 → 개인

(C2b2B2b2C)'의 모델에서 '소매상 → 도매상 → 소매상(b와 B와 b)'은 정말 단순히 이익만을 가져가는 착취자였을까? 그들은 아무런 가치도 없었던 걸까? 물론 그들에게도 가치는 있었다. B와 b는 매우 중요한 가치를 두 가지 제공하고 있었다.

첫째, 정보 중개의 가치이다. 어떤 것을 사고 싶지만 누가 팔고 싶은지를 알 수 없다. 어떤 물건을 팔려고 하지만 누가 사고 싶은지를 모른다. 거기서 소매상(b)은 구매자의 유무는 확실히 모르지만, 일단은 판매자로부터 중고품을 사들이고, 그리고 구매자를 찾는 정보 중개의 가치를 제공했다.

둘째, 신용 중개의 가치이다. 개인 사이의 직접 거래에서는 구매자는 구입한 상품에 만일 문제가 있으면 어쩌나 걱정하고, 판매자는 상대방이 만약 대금을 안 주면 어쩌나 걱정한다. 이는 신용의 문제이다. 이런 상황에서 도매상(B)은 이 일로 축적한 자신의 신용을 가지고 판매자에게는 반드시 대금을 손에 쥐어 주고 구매자에게는 안정감을 주고 파는 신용 중개의 가치를 제공했다.

어떤 사정에도 이면에는 반드시 그 비즈니스 로직이 존재한다. 중개업이 이처럼 오랫동안 존재해 온 것에는 당연히 그만한 필요가 있었던 것이다.

▶시엔위는 알리바바의 세 번째 1조 위안급 플랫폼이 될 것이다

그렇다면 시엔위는 인터넷을 활용해서 중요한 가치를 지니고 있는 도매상과 소매상(B와 b)을 생략할 수 있을까?

우선 B와 b가 가지고 있던 '정보 중개'의 문제를 해결했다.

이는 인터넷의 강점이다. 제2장에서 인터넷의 정보 흐름의 특성은 고효율성이라고 언급한 바 있다. 팔고 싶은 상품과 사고 싶어하는 상품을 시엔위 사이트상에 공개하면 정보 중개의 문제는 바로 해결할 수 있다.

어느 중고품이든 유일무이한 가치가 있으며 사용자가 할 일은 그 상품만이 갖는 독자적인 장점을 소개하는 것이다. 시엔위의 백엔드의 특정 알고리즘에서 상품의 묘사가 상세할수록, 그 물건만의 특별한 스토리가 있을수록 시스템에서 픽업되어 사용자의 눈에 띄기 쉽다.

그래서 시엔위는 타오바오와 달리 사용자들끼리 빈번한 커뮤니케이션을 하는데, 대화를 하거나 스토리를 이야기해주곤 한다.

그 외, 채팅 기능도 있어서 얼굴을 모르는 사용자끼리 얘기할 수 있으므로, 귀찮은 전화가 올 가능성도 없다. 알리페이의 담보 거래를 통해서, 구입 후 상품을 스스로 찾으러 갈지 혹은 배송받을지를 선택할 수도 있어 거래의 전 과정을 부드럽게 완료할 수 있다. 1주일 내에 매매가 성립할 확률도 높다.

정보 중개 기능을 강화하기 위해 시엔위는 근거리 거래를 권장하고 있다. 이 점에 관해서는 이전에는 실현이 어려웠다.

어떻게 하면 좋을까? 그것은 사교적 속성을 넣는 것이다.

시엔위는 사용자의 학교, 사무실지역, 집합주택지역을 단위로 하여 인구 밀도에 근거한 지리적 경계를 만들어 각 지역에 기반한 중고품 거래 커뮤니티 '위탕'을 만들었다.

'위탕'의 침투력은 매우 높아서, 수요가 있으면 비로 활성화가 된다. 전에 주취안(酒泉)위성발사센터의 위탕이 언론에 소개되었다.

이곳에는 당시 수천 명의 과학 기술 엔지니어와 그 가족들이 살고 있었는데 근무지 기밀 유지를 위해 보안이 어려운 인터넷을 사용하지 못하여 전통적인 e커머스를 통해서는 상품을 배송 받는 것이 어려웠다. 그래서 센터 내의 중고품 거래에 대한 욕구가 왕성했는데, 시엔위는 그들을 위해 근처 거주구를 표준으로 반경 10㎞의 현지 중고품 거래 커뮤니티 '위탕'을 만들었다.

'위탕'은 확실히 수요자의 요구에 영합한 최선의 도구가 되었다.

이런저런 이유로 위탕의 활성도가 높아짐에 따라 전통적인 e커머스 수요가 계속해서 나타났다. e커머스의 급속한 발전 속에서 지역 사회의 커뮤니티화로 시엔위는 자신의 성을 쌓았다. 개인 간의 거래(C2C)의 체인을 더 짧게 하고 효율을 보다 높인 것이다.

물론, 단지 중고품을 매매하는 것뿐이라면 다른 중고품 거래 플랫폼과 크게 다르지 않다. 시엔위의 세일즈 포인트는 '중고품 거래 커뮤니티'이므로, 소셜(SNS, 소셜 네트워크 서비스)의 의도가 분명하다.

제일재경(第一財経) 비즈니스 데이터센터가 발표한 시엔위의 사용자 데이터를 보면 시엔위는 확실히 커뮤니티화의 방향으로 발전하여, '90후'나 '00후'(인터넷 용어로, 99년대에 태어난 사람, 00년대에 태어난 사람을 지칭)의 새로운 소셜 툴이 되는 것으로 나타났다.

지리적 위치, 혹은 취미나 흥미에 근거하여 형성된 위탕에는 젊은 사용자가 집중되어 있고, 그중 40%의 '당주'(塘主: 커뮤니티 관리인)가 '90후'이다. 그들은 위탕을 중고품 판매뿐만 아니라 커뮤니티로도 이용하였다. 특히 취미를 테마로 하는 위탕에는 그것이 강하게 반영되어 있다. 예를 들어 애완동물들이 주제인 위탕에서는 자신의 애완동물 사진이나 애완동물 건강에 관한 지식 등이 가장 많이 공유되고 있다.

C2C에 사교적 속성을 도입했더니 사용자의 인게이지먼트와 활성도가 한계치까지 상승한 것이다. 시엔위 가운데 최대의 트래픽을 가진 중고품의 카테고리는 3C(컴퓨터, 통신, 일용 전자제품), 의류, 그리고 임신&아기 카테고리이다.

정보 중개로써 시엔위의 인터넷을 이용한 C2C 모델은 인위적이 아니어서 거대한 우위성을 갖고 있다. 그러면 신용 중개로도 그 기능을 완수할 수 있을까?

일반적으로 중고품 거래는 아는 사람 사이에도 장벽이 있다. 아는 사람끼리 돈이나 거래 이야기를 꺼내면 어색해지기 때문이다. 신뢰의 기초가 없는 남남끼리라면 더더욱 그렇다. 그럼 어떻게 하면 좋을까?

우선 시엔위의 사용자는 실명인증(얼굴 인증)을 하고 매매거래시 반드시 알리페이를 사용하게 되어있다. 이는 커뮤니티에서의 신분증명서와 엔트리카드(출전카드)에 해당한다.

그리고 시엔위가 제공하는 '신용속매(信用速売)'서비스에서는 즈마신용(ZHIMA CREDIT)의 신용 점수가 600점 이상인 사용자에게 특별한 신용을 준다. 사용자가 쓰던 중고 스마트폰을 '사이트(시엔위)에 판매하기'를 신청하면, 중고 스마트폰을 보내기 전에 책정된 물품대를 선불로 지급 받을 수 있다. 미리 받은 선불금으로 새 스마트폰을 사서 데이터를 옮기고 중고 스마트폰을 보내는 것이다. 이러한 즈마신용의 개입으로 시엔위의 신용도는 극적으로 상승했다.

그 밖에도 알리바바의 빅데이터, 즈마신용시스템, 타오바오의 신용 수준 및 시나웨이보(新浪微博, SINA Weibo) 등의 소셜 미디어 정보를 이용해 새로운 신용평가 시스템을 형성해 한층 더 거래의 가능성을 넓혀 가고 있다.

신용이라는 가상의 자산은 가상의 시공 속에서 그 가치를 충분히 발휘한다. 고효율인 신기술을 이용하여 정보 중개와 신용 중개, 이 2가지 문제를 해결한 시엔위는 전통적인 중고품 거래의 '개인 → 소매상 → 도매상 → 소매상 → 개인(C2b2B2b2C)'의 모델 중에서 '소매상 → 도매상 → 소매상(b2B2b)'을 생략하고 '개인 → 개인(C2C)'의 단락경제 모델을 만들어냈다.

시엔위의 서비스 개시 3년 뒤인 2017년의 전략 발표회에서 알리바바 그룹 총경리(사장), 선웨이예(謙偉業)는 이렇게 말했다.

"시엔위는 타오바오, T몰에 이어 제3의 1조 위안급 플랫폼이 될 것이다. 알리바바는 지금 막 그것을 만들어내려고 하는 중이다."

제5절
상품은 서비스를 실현하기 위한 중간 과정일 뿐이다

▶서플라이 체인과 작은 판매점은 임파워먼트 관계

2017년 5월 26일, 알리바바의 수석참모장, 호반대학[02] 교수인 정밍 (曾鳴)은 'T몰 Smart Supply Chain Open Day' 포럼에서 강연을 했다.

정밍은 '대형 플랫폼 → 작은 판매점(S2b)'의 개념(표 4-5 참조)을 지 목하고 이는 뉴 리테일, 뉴 비즈니스의 미래 이노베이션 사고(思考)라 고 말했다.

대체 '대형 플랫폼 → 작은 판매점(S2b)'이란 무엇일까?

정밍의 말에 따르면 S는 서플라이 체인의 대형 플랫폼을 가리키 며, 서플라이의 효율을 큰 폭으로 올린다. b는 대형 플랫폼에 대응하 는 10만 개, 아니 그 이상으로 존재하는 작은 판매점으로 고객 서비스 를 제공한다.

b는 서플라이 플랫폼에 생존해 있는 종(種)으로, 그것은 한두 사람 이 경영하는 작은 가게이거나, 파워블로거라고 불리는 넷 인플루엔 자, 혹은 디자이너일 가능성도 있다. S의 대형 플랫폼은 상품의 품질 과 프로세스의 효율을 보장하고, 더욱 중요한 것은 b에게 자주적으로 손님을 모으는 접객 능력을 발휘시켜, 사람의 창조성과 시스템의 창

---

02) 호반대학(湖畔大学): 마윈이 창설한 기업가 육성 비즈니스 스쿨.

조성을 유기적으로 융합하는 것이다.

대형 플랫폼 S는 작은 판매점 b에 대해서 고객들을 제공하거나 b의 존속성의 보증은 하지 않지만, 백 엔드에서 빅데이터로 서포트를 한다. 따라서 작은 판매점 b는 스스로 사람들을 찾아오게 할 필요가 있다. 이제 시작하는 플랫폼의 경우에는 이미 많은 고객들을 확보하고 있는 b를 일부러 찾기도 한다. 이것은 어떤 작은 판매점도 넷상의 각종 플랫폼으로 자신의 네트워크나 그룹을 쌓아 올리고 있어 넷 툴을 이용해 그들에게 영향을 주고 있음을 뜻한다.

다만 어떤 방법을 써서 이러한 작은 판매점(b)의 확보된 사람들을 충분히 활용하여 자주성을 발휘하게 해, 새로운 구동력을 형성시킬 것인가? 하는 것은 앞으로 매우 흥미로운 일이다.

정밍은 이렇게 말했다.

"미래의 모든 것은 서비스다. 상품은 서비스를 실현하기 위한 중간 프로세스에 불과하다. S와 b의 관계는 매매관계도 가맹관계도 아니고 상호 발전의 관계(재량권이 있는 관계, 권한을 주고받는 관계, 즉 임파워먼트의 관계)이며 이 모델은 향후 5년 동안 가장 노력할 만한 전략의 방향이다."

강연에서 정밍은 '대형 플랫폼→작은 판매점(S2b)'의 모델에 대해서 언급했다.

예를 들면, 항저우시에 있는 전통적인 의류 도매시장 '쓰지칭(四季青)'은 도매, 소매, 생산의 관계를 진화시켰다. '쓰지칭'은 대중용 패션을 발신하는 '플랫폼(S)'이 되었고, 그 앞 열에는 크고 작은 파워블로거라고 불리는 '넷 인플루엔자(b)'가 있다.

그들 대부분은 디자인 능력이나 생산 능력은 없고, '쓰지칭'과 같은 상품 니즈에 근거한 서플라이 플랫폼에 의존하고 있다.

파워 블로거나 작은 판매점의 역할은 사용자와 실시간 커뮤니케이션을 통해 그들의 욕구를 찾고 때로는 프리 릴리즈를 통해 사용자를 상품 디자인에 참여시키기도 한다.

파워 블로거나 작은 판매점은 브랜드의 온라인화를 추진하고 '쓰지칭'은 작은 판매점의 백엔드의 플랫폼화를 지원하는 관계에 있다.

그럼 정밍이 말하는 '대형 플랫폼 → 작은 판매점(S2b)'이 현실 생활

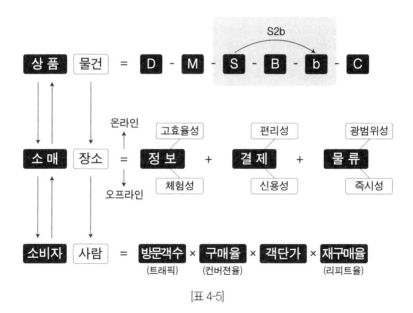

[표 4-5]

속에서 정말로 응용되고 있을까?

▶소매점은 '현대 무기'로 무장하고 스마트숍으로 업그레이드

제2장에서 중점을 두고 설명한 T몰의 영세 점포, T몰스토어는 사실 이 '대형 플랫폼 → 작은 판매점(S2b)' 모델의 완벽한 사례이다. 여기서 S2b의 이론을 이용하여 T몰스토어에 대해 다시 한번 이해해 보자.

T몰스토어의 케이스에서 S는 T몰이 구축한 알리바바 산하 상품유통 플랫폼의 린샤오톤(零售通 LST), b는 전국 각지에 소재한 상점 소매유통부다. S의 존재 덕분에 b는 도매 시장에서 구입하지 않아도 되고 S2b는 중간의 여러 층의 채널을 제외할 수 있었다.

S2b모델 중 b는 S에게 재량권을 넘겨주어(임파워먼트) 효율을 올리고, 반대로 S는 b가 보유하는 고객의 흐름을 얻었다.

이러한 오프라인의 고객 흐름과 온라인 트래픽은 반드시 중복되어 있는 것은 아니다. 예를 들어, 온라인 쇼핑을 하는 사람은 젊은 층이 많고, 오프라인 쇼핑은 노인 층이 많을지도 모른다.

알리바바는 S2b의 단락경제 모델을 채용하고 T몰스토어의 운영 효율을 올리는 외에도 연구 개발 중이거나 아직 발표하지 않은 최첨단 테크놀로지 등도 활용하여 T몰스토어의 매출 상승에 기여하고 있다. 2018년 춘절(春節 구정, 설날)과 발렌타인 데이가 겹치면서 발렌타인 데이에 대비하여 항저우 시 서부로 418호에 있는 T몰스토어에 작은 디스플레이 기기가 도입됐다.

디스플레이에 커플(두 명)의 얼굴을 가까이 대고 함께 촬영하면 이들의 얼굴의 유사도를 측정하는 지수가 표시된다. 유사지수에 따라 할인을 받을 수 있는데, 높으면 높을수록 할인율도 커진다.

린샤오톤에 따르면 이는 알리바바의 첨단기술연구기관 다모위안 연구소[03]의 기기지능(Machine Intelligence) 연구실의 '천생연분'(닮은 꼴 부부) 캠페인으로 일대일 얼굴 인식과 웃음 지수 판정 등 두 가지의 테크놀로지가 사용됐다. 소비자는 함께 내점한 가족이나 친구들과 이 디스플레이 기기에서 사진을 찍으면 AI가 두 얼굴의 유사도와 스마일도를 종합 판정하고 '천생연분' 지수를 산출한다. 유사 지수가 90% 이상이면 878위안 할인 쿠폰을 받을 수 있고, 만일 유사 지수가 0%가 나오더라도 참가상으로 5위안 할인 쿠폰을 받는 등, 받은 %에 따라 각기 다른 경품을 받는다.

많은 소비자가 커플 간의 닮은 모습을 검증하러 갔다. 알리바바의 담당 책임자는 엔지니어들이 이런 도구들을 개발한 것은 그저 단순하게 모두 즐기길 바라기 때문이었다고 말했다.

하지만 전국 600만 개 이상의 소매 점포에게는 알리바바 '다모위안 DAMO'의 최첨단 테크놀로지가 마침내 그들에게 힘을 실어주어 한두 사람이 운영하던 작은 가게는 스마트숍으로 업그레이드한 것이다.

---

03) 다모위안(達摩院) DAMO: Discovery, Adventure, Momentum, and Outlook의 약자.

▶ 모든 소규모 점포들이 임파워먼트를 기다리고 있다

실은 S2b의 비즈니스 모델의 응용 범위는 매우 넓다. 소매업계뿐만 아니라 다른 업계에도 대량의 b가 존재하며 특히 정보화, 디지털화, 인터넷화 능력이 부족한 b의 업계에는 모든 것을 응용할 수 있다.

예를 들면, 중국에서는 휴대전화 수리업계의 대부분이 소규모 점포 모델로, 어느 도시라도 휴대전화 수리거리 같이 작은 수리점이 모이는 구역이 있다. 휴대전화의 수리 부품은 대다수의 소매 상품과 마찬가지로 공장에서 출하되어 총대리점 및 각급 대리점, 도매업자, 소매업체를 거쳐 마지막으로 수리점에 납품된다. 이러한 경우에는 어떻게 하면 좋을까?

하오웨이수(好維修, Haoweixiu)라고 불리는 휴대전화 수리점의 서비스 플랫폼이 있다. 이 플랫폼을 S라 하고 작은 수리점인 b에게 서비스를 제공하면서 중간의 각 레벨의 대리점들을 배제했다.

이것은 휴대전화 수리분야에서의 S2b의 단락경제 모델이다. 하오웨이수를 통해서 S2b형으로 매입시, 점포 측 총이익은 대략 평균적으로 10%가량 증가한다고 한다.

하오웨이수가 주요한 프로모션을 추진하고 있는 시장은 지금 3, 4급의 도시이다. 데이터에 따르면 중국의 2,800개의 현성(県城), 지급시(地級市) 각지에는 50~100개의 수리 거점이 있고 각 거점의 연간 매출액은 약 20만 위안 전후라고 한다. 이것을 계산하면 중국의 3, 4급 도시의 휴대전화 수리시장 전체로는 1,000억 위안급 규모에 이를 것이다.

만약 하오웨이수가 이들 b에 대해서 양호한 서비스를 제공하면 이 1,000억 위안급 시장의 케이크에 한 몫 할 수 있을 것이다.

정밍이 이 S2b의 새 모델을 제창한 뒤 많은 기업이 어느 업종, 어느 상품, 어느 프로세스가 유효한지 이를 모색하고 있다.

한 여행 사이트는 여행의 S2b 플랫폼 모델을 구축하고 중소 규모의 여행사가 뉴 리테일 시대의 조류를 타고 서포트를 하겠다고 한다.

여행업계의 정세는 OTA(Online Travel Agent: 인터넷상으로만 거래되는 여행사)의 가격 전쟁이 오랫동안 이어졌지만, 여전히 오프라인이 주류를 이루는 시장이다. 또 온라인의 고객 모집비용은 매우 높은데, 이는 오프라인을 뛰어넘을 정도다.

2016년부터 OTA는 차례로 오프라인에 주목하는 동시에 오프라인의 대형 여행사들은 온라인 사이트를 구축하여 온라인과 오프라인의 전 채널을 이용하여 판매를 시작했다. 그러나, 중소 여행사 입장에서는 새롭게 온라인을 구축하고 오프라인 융합의 실현에는 매우 많은 비용이 든다. 여기서 여행업계의 S2b 비즈니스 모델이 등장했다. 서플라이 체인(supply-chain)의 대형 플랫폼(S)이 체인 상의 각 프로세스를 집결시켜, 제휴한 중소 여행사(b)에게 상품이나 테크놀로지 서비스를 제공한다. 중소 여행사(b)는 사람들을 모으고, 서플라이 체인의 대형 플랫폼(S)은 상품의 품질을 보증한다. 과거에는 우회하지 못했던 중간 프로세스를 버리고 중소 여행사를 통해 여행상품을 가장 짧은 루트로 소비자들에게 전달할 수 있는 것이다.

서플라이 체인의 역행 모델로 고품질, 저가 노선으로

▶제조사가 고객의 필요에 따라 생산하게 되면 재고는 없어질까?

단락경제에는 2가지 형태가 있다. 프로세스의 단축과 프로세스의 리버스(역행)이다.

지금까지는 프로세스 단축의 케이스로, 코스트코의 M2B(제조업체와 쇼핑센터의 직거래), 미니소의 M2b(제조업체와 소매점의 직거래), 시엔위의 C2C(소비자와 소비자의 직거래), T몰스토어의 S2b(도매업자와 소매점의 직거래)를 소개했다.

본 장에서는 단락경제의 또 하나의 형태, 프로세스의 리버스를 알아보자 (표 4- 6참조). 프로세스의 리버스란 무엇인가?

체인이란 상품 서플라이 체인(supply-chain) D-M-S-B-b-C(디자인-제조업체-도매상-쇼핑센터-소매상-소비자)를 가리키며, 왼쪽에서 오른쪽으로 나아가는 것이 종래의 비즈니스에서는 통상의 흐름이고, 보통 디자인, 생산, 판매 순이다.

기업 입장에서 보면 이 방향은 지극히 정상이다. 기업이 생산을 결정할 때 어떤 상품을 누구에게 판매할지 구체적으로 알 수 없다. 시장조사를 어느 정도 했다고 해도 그것은 단순한 예측일 뿐, 정확하다고는 할 수 없다.

그럼, 어떻게 하면 좋을까?

기업은 먼저 상품을 생산하고, 이익을 얹어서 그 이익으로 전 서플라이 체인(supply-chain)을 '고용'하고 소비자를 찾아 상품을 팔도록 해야 한다. 그러므로, 이 왼쪽부터 오른쪽으로 진행되는 상품 서플라이 체인(supply-chain)에서는 소매가 말단(엔드)이라고 불린다. 그러나 소매를 말단으로 하는 상품 서플라이 체인(supply-chain)은 비즈니스계에 보틀 넥[04]을 가져왔다. 그것은 재고다.

상품 서플라이 체인에 있어 재고 문제는 전문 명칭까지 있다.

'채찍효과(Bullwhip Effect)'[05]라고 부른다. 채찍효과란 무엇인가?

중국에서는 매년 춘절(설날)에 설 용품을 구매한다. 소매 기업은 보통 매달 1,000세트를 판매하고 있지만 춘절 기간에는 1,500세트, 2,000세트도 판매될 가능성이 있다고 예상한다. 그렇다면 주문량은 1,000세트? 1,500세트? 아니면 2,000세트인가? 도대체 몇 세트를 발주하면 좋을까?

---

04) 보틀 넥(병목현상): 큰 병이라도 입구가 좁아지는 형태로 만들어져 있으면 일정 시간 당 나오는 양이 적어진다는 뜻으로 전체의 능력이나 속도를 규정해 버리는 부분을 가리킨다.

05) 채찍효과(Bullwhip Effect): 예측 가능한 장기적 변동을 제외하면 대다수의 제품에 대한 최종 소비자의 수요는 그 변동폭이 크지 않다. 그런데 공급망을 거슬러 올라갈수록 이 변동폭이 커지는 현상이 발생되면서 '채찍효과'라는 용어가 만들어졌다. 이 말은 긴 채찍을 휘두를 때 손잡이에서는 작은 힘이 가해져도 채찍의 끝에서는 큰 파동이 생기는 것에 착안해 붙여진 이름이다. 즉, 서플라이 체인에 있어서 소비자 수요의 작은 변동이 제조업체에 전달될 때는 크게 확대되므로, 제조업체 입장에서는 수요의 변동이 매우 불확실하게 느껴지는 것이다. 이러한 정보의 왜곡 현상으로 서플라이 체인 전체에 재고가 많게 되고 소비자에 대한 서비스 수준도 떨어지며 생산 계획의 오류, 수송상의 저효율, 생산계획의 혼돈 등과 같은 악영향이 발생하게 된다.

재고가 부족하면 곤란하니 일단 2,000세트를 발주한다. 소매 기업은 50%(1,000세트)의 여유를 가지고 발주하는 것이다.

각지의 소매 기업은 시(市)대리섬에 발주한다. 시(市)대리점이 받은 소매 기업들의 수주 총수는 20만 세트이다. 그럼 시(市)대리점은 성(省)대리점에게 수주받은 20만 세트만 발주할 것인가? 혹시라도 부족하면 안 되니까 여유롭게 30만 세트를 발주한다.

성(省)대리점이 시(市)대리점들에게 받은 수주 총수는 200만 세트로, 마찬가지로 여유를 두고 총(總)대리점에게 300만 세트를 발주한다. 총(總)대리점은 전국에서 총 2,000만 세트의 수주를 받았고, 제조업체에는 3,000만 세트를 발주한다. 그리고 마지막으로 제조업체들도 여유를 두기 위해 총 4,000만 세트를 생산한다.

최종적으로는 어느 정도 팔렸을까? 어쩌면 1,000만 세트밖에 팔리지 않았을지도 모른다.

이것이 '채찍효과(鞭效果)'다. 소매유통 기업에서부터 점점 거슬러 올라가 제조업체의 생산 수량은 점점 증가하고, 점점 모습을 잃어간다. 마치 채찍을 흔드는 손잡이의 작은 움직임이 채찍 끝에서는 큰 형태가 되어 전해지는 것과 같다.

그 '채찍효과'의 대상은 상품 서플라이 체인(supply-chain) 전체에 쌓인 재고이다. 비즈니스계에서는 많은 방법이 고안되어왔고 재고 문제가 어느 정도는 최적화되었다고는 하지만, 아직도 순행 서플라이 체인(supply-chain)의 병목이다. 어떻게 하면 좋을까?

만약, 상품 서플라이 체인(supply-chain)을 반대로 진행한다면 어떻게 될까?

소매가 체인의 말단이 아닌 맨 처음으로 바뀌면 어떻게 될까?

만약 실제로 존재하는 필요량을 가지고 상류를 거슬러 올라가고, 맨 앞에 있는 제조업체가 필요량에 맞추어 생산하면 상품 서플라이 체인(supply-chain) 전체가 재고를 떠안는 일은 없어지지지 않을까?

여기서 C2B(소비자와 쇼핑센터)모델과 C2M(소비자와 제조업체)모델이 탄생했다.

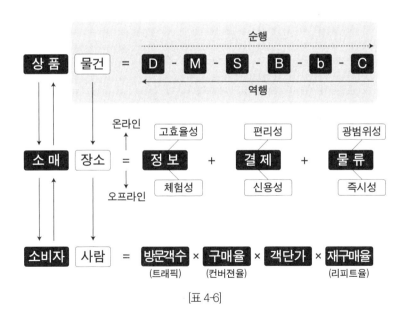

[표 4-6]

▶하이얼 공장 안에 조명을 달 필요가 없는 '무등화 공장'

C2B(소비자와 쇼핑센터)를 이해하기 전에 먼저 B2C(쇼핑센터와 소비자) 를 이해할 필요가 있다.

B2C(쇼핑센터와 소비자)란 판매 기업이 직접 소비자에게 상품이나 서 비스를 제공함으로써 상품유통 중에서는 가장 흔하고 가장 기본적인 비즈니스 모델이다. 오프라인에 비춰보면 모두가 잘 아는 슈퍼, 백화 점, 쇼핑센터를 말한다. 온라인에서는 자주 화제가 되는 인터넷 쇼핑 몰, 예를 들면 당당왕닷컴(dangdang.com), 징둥쇼핑몰(京東商城, JD.com), T몰(Tmall.com) 등이 있다.

만약 B(쇼핑센터)와 C(소비자)의 위치를 바꾸어 C2B(소비자가 요구하고 쇼핑센터가 만들어준다)가 된다면 어떻게 될까?

이는 본질이 변화하는 것이다.

2012년, 알리바바는 C2B(소비자와 쇼핑센터) 모델, 즉 기업이 소비자 의 요구를 바탕으로 퍼스널 라이즈 상품이나 서비스를 제공하는 모 델을 발표했다. 이는 지금까지 지속된 공업시대의 B2C모델(쇼핑센터 가 만들어 놓은 물건을 소비자가 구매하는 것)을 근본적으로 뒤집고 비즈니 스에 새로운 이노베이션을 일으키는 중요한 역할을 담당하고 있다고 생각된다(표 4-7참조).

2013년, 가전회사 하이얼(Haier)은 T몰과 제휴하여 더블일레븐(11월 11일)에 C2B(소비자가 요구하는 제품을 쇼핑센터가 만들어 주는 것)의 맞춤 냉 장고를 내놓았다.

C(소비자)는 T몰 안의 하이얼 플럭쉽 스토어에서 자기의 필요에 맞게 내용량, 온도조절 방법, 본체 소재, 외관 디자인 등을 고를 수 있다. 하이얼은 유연한 생산 기술로 500타입 이상의 맞춤 냉장고를 동시에 제조하고 소비자의 퍼스널 라이즈한 맞춤의 요구에 부응했다.

　　또 2015년 〈빅 히어로〉, 〈겨울왕국〉과 같은 디즈니 캐릭터의 사용권을 확보하고 외관 디자인에 대한 퍼스널 라이즈 요구의 만족도를 한층 더 향상 시켰다.

　　C(소비자)는 T몰의 B(플래그쉽 스토어)에서 맞춤 요구 내역을 선택한 뒤 주문하면 하이얼 공장은 그 요구에 따라 한 대 한 대를 제조한다.

　　하이얼 그룹의 전략 고문으로서 나는 하이얼의 전략팀을 이끌고 오더 메이드 공장, 유명한 '무등화 공장'을 견학한 적이 있다. 왜 '무등화 공장'이라고 불리는가? 공장 내에는 종업원이 없기 때문에 조명을 켤 필요가 없기 때문이다. 공장에서 일하는 것은 거의 모두가 로봇이다.

　　하이얼은 우선 냉장고, 세탁기 등 가전제품에 대해 모듈(부품)을 설계했다. 예를 들면, 세탁기에는 25의 모듈이 있다. 건조 기능을 추가할 것인가가 1개의 모듈이고, 누르는 버튼 패널이나 터치 패널이 또 1개의 모듈이 된다. 그렇게 소비자가 선택한 맞춤형 모듈은 생산라인에 보내지고 로봇이 주문에 따라 동일한 조립라인에서 다른 냉장고를 제조한다. 이것이야말로 유연성이 있는 생산라인이다.

　　나는 하이얼과 독일 BMW의 유연한 생산라인을 견학했는데 한 생산라인에서 각각 다른 냉장고가 한 대씩, 다른 자동차가 한 대씩 생산

되는 이 광경은 상당히 충격적이었다. 견학을 끝내고 나서야 조명이 필요가 없다는 말을 믿을 수 있게 되었다. 그곳에서 작업을 하고 있는 것은 로봇뿐이다. 로봇에게 조명은 필요가 없다.

하이얼의 C2B 모델은 철저히 완성품 재고를 없앴다. 그 이외에는 어떤 문제를 해결했을까? 하이얼은 이번 C2B의 테스트 운용을 분석하고 다음의 데이터를 공개했다.

센트럴 바잉(집중 구입)에 따른 비용 10% 삭감, 사전 마케팅으로 인한 10% 삭감, 창고사용공간감소에 따른 7% 삭감, 주요 물류 집중에 따른 5% 삭감, 자금 회전 속도 가속으로 인한 4% 감소, 재고 리스크를 저감하고 7% 감축. 그리고 각 프로세스에서 비용을 줄여 최종적으로는

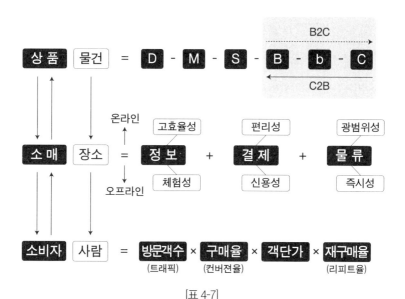

[표 4-7]

최대 43%의 코스트 다운이 실현되었다.

상품 비용을 40% 이상 삭감한다는 것은 C2B모델을 채용하면 소비자는 자기의 기호에 맞는 완전한 주문형 상품을 구입할 수 있을 뿐만 아니라 더 저렴한 가격으로 구입하게 된다는 것이다.

▶재고 문제를 해결한 것은 오더 메이드가 아닌 리버스

하이얼의 C2B모델은 큰 성공을 거뒀다. 그러나 EC 사이트 비야오상청(必要商城, biyao.com)의 창업자, 비성(畢勝)의 오더 메이드에 대한 생각은 상당히 다르다. 그는 이렇게 말한다.

"오더 메이드(주문 생산)의 본질은 오더 메이드가 아니라 리버스(역행)다."

비성은 바이두(百度, www.baidu.com 중국 검색 포털사이트)의 창업멤버 중 한 명으로, 바이두의 마케팅 디렉터와 총재 보좌를 지냈다.

2005년 바이두가 상장하고 순풍에 돛 단 듯 순항할 때, 그는 과감하게 용퇴(勇退)하고 3년여를 빈둥거린 뒤 다시 비즈니스 세계에 몸을 던져 신발의 e커머스, 러타오왕(楽淘網, letao.com)을 설립했다.

당시 그는 e커머스의 경험이 없어 러타오왕 운영에서 수억 위안의 손실을 입었는데, 그는 이를 e커머스에 대한 학비라고 생각하기로 했다.

2013년에 러타오왕을 팔고 비야오상청을 설립했다. 비야오상청은 C2M(표4-8참조)을 채용한 맞춤 플랫폼으로, 소비자는 먼저 자신의 발사이즈나 기호에 따라 주문을 넣고 이것을 제조업체가 생산하는 것이다.

내체 C2M(소비자와 세조업체)린 무엇일까? 이것은 한쪽은 소비자와 다른 한쪽은 업체와 연계한 형태로 기존의 상품 유통을 역행할 뿐 아니라 b(소매점), B(쇼핑센터), S(도매상) 등의 불필요한 프로세스와 불필요한 비용을 모두 제거해버린 거래 모델이다. 여기에서 태어나는 고품질·저가격의 상품은 소비자를 끌어당겼고, 재고 제로의 구조는 톱클래스 메이커를 끌어들였다.

2015년 비야오상청이 운영을 시작하자마자, 나는 비성을 인터뷰했다.

이때 나는 비야오상청에 버버리(burberry 영국의 세계적인 브랜드)의 품질 기준을 바탕으로 중국 OEM으로 생산된 가죽 구두라는 신발을 한 켤레 주문했다. 본체, 구두창, 신발끈 색을 고르고 주문 후 20여일 후에 도착했다. 그의 말처럼 버버리가 이 정도 퀄리티의 신발을 5,000위안에 판매하고 있는지는 모르겠지만, 신어본 결과 이 정도 품질의 구두가 399위안이라면 확실히 양질의 특가품인 셈이다.

그런데 어째서 그는 이것을 '오더 메이드가 아니고 리버스'라고 말하는가?

왜냐하면 보틀 넥(병목현상)의 재고 문제를 진정한 의미로 해결한 것은 오더 메이드가 아닌 리버스(역행)였기 때문이다. 그는 C2M(소비자가 주문하고 제조업체가 생산하여 판매하는 것)은 재고 문제를 해결할 최후의 답이라고 보고 있다. C2M 모델은 고객의 요구에 맞게 생산하므로 재고 회전율을 고려할 필요가 없다.

이 수주 생산은 재고 문제를 최대한으로 해결할 수 있는 것이다.

나는 그에게 "C2M이 최선의 방법인가? 다른 전략으로는 안되는가? 예를 들어 히트 상품 전략은 어떨까? 한 카테고리에 전력을 기울여 한두 종류의 최고제품만 생산하고 출시하자마자 히트 상품이 되면 자연히 재고 부담이 사라지는 것 아니냐?"고 물었다.

그의 답변은 히트 상품 전략으로는 재고 문제를 완벽하게는 해결할 수 없다는 것이었다. 사람의 예측 능력에는 한계가 있어서 생산 후히트 상품이 되지 않을 가능성은 항상 있고, 폭발적인 매출을 예상해

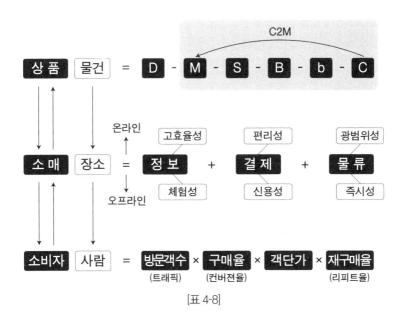

[표 4-8]

서 생산해버린 대량 재고는 정말로 골치가 아프다. 히트 상품 전략의 난점은 매 제품의 예측이 정확하다고 보증할 수 없다는 것에 있다.

C2M은 중간 과정을 최대한 생략했지만 제조업체에게 압박이 되지는 않는가? 즉, 공장에서는 어쨌든 원재료 재고가 필요하므로 그들이 제휴한 구두공장은 가죽이나 구두창 등의 원재료를 사전에 구입해 준비해 두지 않으면 안되기 때문이다. 하지만 그는 원자재 자체가 가치를 유지하고 있으며, 때로는 부가가치를 가지므로 C2M의 원자재 재고는 제조업체에게는 부담이 안 된다고 생각했다.

예를 들면 아프리카에서 구매한 원재료는 아프리카의 수출량이 감소하면 가격이 크게 오를 수도 있다는 것이다. 그러나 원재료가 일단 상품으로 전환되고 데드스톡(불량재고)이 되면 원재료의 가치는 사라지고 불량재고의 가격은 크게 떨어진다는 것이다.

하이얼은 제조에서 소매로 진출했고, 비야오상청은 소매유통 기업에서 반대로 상품 서플라이 체인으로 전신(轉身)했다. 이들 두 회사의 기본 로직은 완전히 일치했고 리버스 체인(역행하는 상품 서플라이 체인)의 단락경제 모델은 재고를 없애 비즈니스의 효율을 높였다.

중국 제조업의 향후 동향은 저품질·고가와 저품질·저가의 상품이 생존해 갈 공간은 점점 좁아지고, 또 차례로 도태되어 고품질·저가격 소매업의 시대를 맞이할 것이다.

C2M 모델은 고품질·저가격을 실현하는 효과적 수단인 것이다.

▶의류업계의 재고 문제는 유통업계 전체의 보틀 넥

C2M 모델은 소매유통을 말단이 아니라 기점으로 보고 있다.

업계의 중진, 푸싱그룹(復星集团)의 대표이사, 회장 귀광창(郭広昌)도 C2M 모델을 높이 평가한다. 푸싱그룹은 C2M을 대표하는 기업, 구가(構家 goujiawang.com), 양광인망(陽光印網 easypnp.com), 홍링그룹(紅領, 青岛紅領集団有限公司 Red Collar)까지 3사에 투자했다.

구가(構家)는 온라인 내장(内装) 리폼의 선구자이다. 구가의 C2M 모델에 대해 구가의 창업자 안전찬(顔伝賛)은 이렇게 소개하고 있다.

"구가의 내장 디자인 정보화 시스템은 유저 요구대로 내장 디자인을 도면화하는 것만이 아니다. 보다 중요한 포인트는 시스템이 공장 등의 생산 사이드에 직접 도면을 아웃풋하므로 생산 사이드가 유저의 요구에 재빠르게 대응할 수 있다는 점이다. 이용자의 데이터는 생산 측에 직접 전달되어 유저를 기점으로 한 C2M이 실현된다."

양광인망(陽光印網) 역시 C2M모델을 채용, 구매 플랫폼을 구축하고 오프라인의 인쇄 공장과 유저를 연결하여 인쇄업계의 온라인화 개조를 단행했다.

2016년 6월, 리드 인베스터에 푸싱그룹, 코인베스터를 소프트뱅크로 하여 양광인망은 3.5억 위안의 C라운드의 융자를 받았다.

그럼 마지막으로 홍링그룹에 대해 소개하자.

홍링그룹은 맨즈 어패럴에서 출발한 중국의 정상급 의류업체다. 2003년 이전에는 중국의 다른 의류업체와 마찬가지로 OEM을 메인으로 해왔고, 프라이빗 브랜드는 기업 소재지인 산둥성 칭다오시에서만 영향력을 갖고 있었다.

하이얼 냉장고나 세탁기도 재고는 있지만, 의류업계와 가전업계의 재고 개념은 전혀 다르다. 의류업계의 경우 상품종류의 다양성의 깊이가 깊어 재고 우려는 더욱 커진다. 상품종류의 깊이가 깊다니 무슨 소리일까?

소비자는 셔츠를 살 때, 목 둘레가 39cm인 셔츠를 고른다. 그러나 실제로 업체는 목둘레 38cm와 40cm도 만들 필요가 있다. 결국 36cm에서 44cm까지 빠짐없이 전 사이즈를 생산할 필요가 있는 것이다. 덧붙여 트렌드 색상을 포함해 모든 색깔의 셔츠를 생산할 필요가 있을 것이다.

그러므로 동일 디자인의 셔츠라도 항상 사이즈별로 수많은 종류를 생산해야 한다. 더군다나 의류의 상품 종류는 냉장고나 세탁기보다 훨씬 방대하다. 사람의 체형이나 기호는 천차만별로 표준화할 수도 없다. 의류업계의 재고 문제는 소매업계 전체의 보틀 넥이기도 하다.

홍링그룹의 총재 장원란(張蘊藍)은 "대부분의 의류 브랜드가 1장의 옷을 판매할 때, 3장의 재고가 태어나고 있다"고 말했다. 이 발언에서 보듯 신발·의류업계의 재고 문제는 이미 매우 심각한 수준에 이르렀다. 어떻게 하면 좋을까?

▶15년간의 실험은 인기 절정의 결실을 맺었다

홍링시푸(紅領西服)는 지금까지 없던 참신한 아이디어를 통해 재고 문제를 해결하고 경쟁을 피하기 위해 2003년부터 15년간을 실험에 허비했다. 그 아이디어가 C2M이다.

C2M의 첫걸음은 정확하게 C(소비자)의 요구를 수집하는 것이다.

2003년 홍링시푸의 오더 메이드 사업은 뉴욕에서 출발했다. 뉴욕에 다수의 제휴 기업을 가지고 있는 그들은 홍링그룹 산하의 브랜드로서, 혹은 프라이빗 브랜드로 매장을 오픈한다. 이들 매장의 주요 임무는 고객 정장 맞춤에 대한 욕구를 명확하게 포착하는 것이다. 그들은 실내에서 손님의 치수를 재면서 19군데에서 21종류의 데이터를 수집했다. 이러한 데이터는 사이즈 산출뿐 아니라, 자세가 굽었는지 아닌지 등의 체형 판단도 한다고 한다. 치수 데이터를 수집하고 나면 이어서 고객의 기호나 니즈에 대해 의논한다.

이들은 고객과 함께 이 옷에는 어떤 단추가 맞을지, 옷깃은 조금 더 비스듬히 쪼여야 할지 등을 상의하고 하나하나 고른다. 홍링시푸는 단추, 소재, 무늬, 자수 등에 대해 많은 종류를 보유하여 고객에게 다양한 선택지를 제공하고, 고객들은 매장 내에서 소재 샘플이나 기성복을 참고하여 선택할 수 있다.

마지막으로 C에서 M으로. 소비자(C)의 치수 데이터와 기호 데이터는 북미에 있는 파트너 기업에서 홍링시푸의 칭타오 공장(M)으로 송신된다. 공장은 데이터를 수령 후, 이 정장의 편성은 적절한가를 한번 심사하고 생산을 시작한다.

나는 홍링시푸에서 정장을 주문하고 장원란과 생산라인 건학을 했다. 우선, 거대한 기계가 내가 선택한 천을 위에서 자르고, 이렇게 잘린 천은 정장 각각의 파츠가 되었다. 이 프로세스를 패턴 메이킹이라고 부른다. 패턴 메이킹은 예전에는 베테랑 패터너가 했다. 고급 정장한 세트의 패턴 메이킹에는 수만 위안이 들었고, 정상급 패터너의 연봉은 수백만 위안이었다. 홍링시푸에서는 자동화된 기계로 천을 싹둑 자르는 것으로 이 문제를 해결했다.

정말 이렇게 해도 괜찮은지 장원란에게 물었더니 그는 이 능력의 핵심은 경험의 데이터화라고 했다.

수십 년간의 맞춤의 경험에서 3D의 치수 데이터를 2D 형지(型紙 어떤 본을 떠 만든 종이. 양재 · 수예 · 염색(染色) 등에 쓰임) 데이터에 대응시켰다. 기술팀은 4회 정도의 테스트를 거치면서 마침내 알고리즘을 확립했고, 그것을 데이터베이스로 변환했다. 게다가 지속적으로 데이터를 추가하여 최적화를 실시하고 있다.

2016년 말 시점, 홍링시푸의 데이터베이스에 있는 기본형은 이미 40만 세트를 넘어섰고, 파생형(예를 들면 버튼 1개의 변화를 1번의 파생이라고 간주)은 100조 세트를 넘었으며 아직도 증가하고 있다.

메인이 되는 천에는 RF 태그(IC 태그라고도 한다)를 붙여 장대에 걸쳐서 봉제 라인으로 보낸다.

봉제 라인을 타고 천이 여성 장인에게 도착하였다. 그녀가 재봉틀의 단말기에 RF태그를 터치하자 6인치 스크린이 옷에 몇 개의 단추를 꿰매야 하는지, 단색인지 혹은 다색인지 하는 데이터가 표시된다. 때로는 배가 나오고, 팔이 굵다고 표시되어 그녀의 경험이나 감각으로 여유를 주어 소매 위치를 적절히 조정하여 입는 사람에게 겨드랑이 부위를 답답하게 느끼게 하지 않도록 한다.

각 장인들은 자신의 담당 작업을 수행하고, 시스템 전체는 마치 폭스콘(富士康科技集团, 위탁받은 전자기기 수탁생산에서는 세계 최대 기업)의 조립라인과 같다. 여성 장인이 이런 복잡한 작업을 하는 것을 보고 나는 의문을 가졌다.

다른 슈트의 봉제 공장을 견학한 적이 있었는데, 그곳에서는 봉제의 과정이 보다 세분화 되어 있었다. 어떤 장인이라도 하루종일 한 가지 작업만 하고, 그래서 미싱에는 재봉틀이 한 개밖에 갖춰지지 않아 실타래도 필요 없다. 이렇게 하면 분명 효율이 매우 높을 것이다.

반면 홍링시푸의 여성 장인은 7~8종류의 미싱 실과 대량의 버튼을 다루고 스크린도 보아야 하니 효율이 오히려 나빠지는 것은 아닐까?

장원란에 따르면 분명히 여성 장인의 효율은 그다지 좋다고는 할 수 없다고 한다. 그런데 이것을 원가에 반영시키면 홍링 그룹의 맞춤 사업 비용은 이전의 기성복 사업 원가의 1.1배가 되지만, 순이익률은 종전의 기성복 메이커보다 훨씬 높다고 한다.

예를 들면 캐주얼 브랜드, 미터스 본위(美特斯邦威, Meters/bonwe, 중국의 유니클로, 탑텐격의 브랜드)는 가장 최고점이었던 2011년의 순이익률은

12%이지만, 현재는 마이너스다. 반면 홍링시푸의 순이익률은 20%이상으로 향후는 어쩌면 30%를 달성할지도 모른다. 어째서일까?

그것은 홍링시푸가 재고를 철저히 없앴기 때문이다.

이것이야말로 C2M의 우위성으로, 오더 메이드는 중간 프로세스를 없애고 재고를 없앴다. 예전에는 옷의 판매가격의 50%가 재고 관리비용으로 설정되어 있었다.

생산라인 전 과정을 통과해 만들어진 정장을 보면 어떤 정장이든 제각각이다. 장원란은 한 벌의 정장을 꺼내 이렇게 말했다.

"여기 있는 정장들을 보세요. 옷을 보면 그 사람의 직업, 취향, 습관을 대충 알 수 있죠. 여러분, 우리는 모두 나만의 오리지널 정장을 가져야 하지 않을까요"

15년을 소비한 C2M의 실험으로 오늘의 홍링시푸는 투자자들의 주목을 받고 있을 뿐 아니라 시장에서도 그 인기는 절정을 자랑하고 있다.

제5장

'뉴 리테일'은 지금 이 순간에도
진화하고 있다

제1장에서 제시한 문제를 기억하는가?

16페이시를 다시 침조하기 비란다. 거기에서 받은 질문에 지금 당신은 나름대로의 답을 낼 수 있을까? 마지막으로 그 답을 숨김없이 알려주겠다.

나는 그것을 이하의 네 가지에 총괄한다.

① 소매유통의 본질이란, '사람'과 '물건'을 연결하는 '장소'이다.

② '장소'란 정보의 흐름, 돈의 흐름, 물류의 다양한 편성이다.

③ '사람'은 '트래픽(사람의 흐름)×컨버전률(구매율)×객단가×리피트율(재구매율)'의 몇 단계의 필터를 뚫고 나와 '물건'과 접촉한다.

④ '물건'은 D-M-S-B-b-C(디자인-제조업체-도매상-쇼핑센터-소매상-소비자)의 긴 프로세스를 거쳐 '사람'으로 넘어간다.

어떻게 하면 소매의 효율을 올릴 수 있는가에 대한 대답은 다음의 세 가지이다.

① '데이터 발전'에 의한 정보의 흐름, 돈의 흐름, 물류의 조합을 최적화한다.

② '매장 효율 혁명'으로 트래픽, 컨버전률, 객단가, 리피트율의 효율을 올린다.

③ '단락경제'로 D-M-S-B-b-C의 경로를 단축한다.

뉴 리테일은 존재하는가? 물론 존재한다. 그것은 보다 고효율의 소매유통이다. 뉴 리테일의 전체 틀과 논리의 진화를 이해한 후, 책의 마지막 장에서는 이하의 2가지 주제에 대해서 말하고자 한다.

① 사고(思考) 모델 : 왜 사람들은 항상 시대는 이미 변했다는 현실을 받아들이지 못하는 것일까? 어떻게 사람들은 시대가 가져올 기회를 잡고 비약적인 발전을 이룰 것인가? 신테크놀로지, 새로운 툴에 의해 추진되는 비즈니스 모델의 변혁, 예를 들어 뉴 리테일, 신제조, 신금융 등에 직면했을 때, 항상 다른 사람들보다 앞서가기 위해서는 어떤 사고 모델을 이용해야 할까?

② 미래의 동향 : 비즈니스 로직은 과거를 총괄할 뿐만 아니라 과거를 총괄함으로써 룰을 검증하고 미래를 예측하는 매우 중요한 역할을 한다. 여기까지 본서에서는 이미 발생하고 있는 변화에 대해서 이야기했다. 앞으로 뉴 리테일에는 어떤 변화나 기회가 올까?

변혁시대의 사고(思考) 모델

▶중소기업이 다시 태어나고 대기업이 자각하는 시대

다른 모델보다 필연적으로 앞서가고 있는 사고(思考) 모델은 없다.

'결과적으로 실수가 허용되는 상품', 예를 들어 인터넷 상품 같은 경우, 앱의 아이콘 위치나 BGM을 바꾸는 등 '작은 개선이지만 고빈도 업데이트'로도 사람들은 충분히 이해한다.

한편 '결과적으로 실수가 허용되지 않는 상품', 예를 들어 원자력 발전소 건설과 로켓 발사에는 '한 번에 완벽하게 완성하는' 것이 요구된다. 또, 때로는 '현장의 실무자가 지휘를 맡는다'거나, 아니면 '최고경영자가 명령을 내리면, 중간관리자가 현장으로 가서 지휘하고 현장의 실무자가 수족이 되어 실행한다'는 것도 필요하다.

모든 사고(思考) 모델에는 각각을 대응하는 적용 장면이 있다. 이는 거꾸로 말하면 모든 장면에는 반드시 대응하는 사고(思考) 모델이 있다는 것이다. 즉, 상황과 조건에 따라서 사고(思考) 모델은 변화해야 하기 때문이다.

텐센트(騰訊)의 부총재 장샤오룽(張小龍)은 KPI(중요업적 평가지표)를 조심해야 한다고 말한 바 있으며, 마윈의 호반대학에서의 첫 강의도 KPI의 중요성에 대해서였다.

안정의 시대에서는 강한 것은 항상 강하고 큰 것은 항상 크다.

20세기의 마지막 10년간은 PC의 안정의 시대로, 어떻게 마이크로소프트를 넘어설 수 있는지 아무도 상상할 수 없었다. 21세기 첫 10년간은 인터넷의 안정의 시대로, 어떻게 구글을 넘어설지 아무도 상상할 수 없었다. 그렇다면 변혁의 시대에서는 어떨까? 테크놀로지의 발전, 시대의 진보에 수반해서 변혁의 시대에서는 항상 대기업이 중소기업에 패하고 중소기업이 성장해 대기업이 된다.

안정의 시대는 대기업이 이익을 보는 시대이고, 변혁의 시대는 중소기업이 다시 태어나는 시대다. **변혁의 시대, 예를 들면 뉴 리테일의 도래에 있어서 어떤 사고(思考) 모델이 중소기업을 다시 태어나게 하고, 대기업의 눈을 뜨게 할 수 있을까?**

나는 적어도 세 가지의 사상이 있다고 생각한다

▶변혁의 시대의 사고(思考) 모델, 첫째 '진화 사상'

2017년 나는 경제 평론가인 오샤오보(吳曉波)에게 초청받아 뉴 리테일을 테마로 한 세미나에 참석하고 그곳에서 강연을 했다.

내가 이 세미나에서 강연하는 것은 네 번째이며 오샤오보는 이번 강연을 "가장 공통된 인식이 없다"고 평가했다. 어떤 이는 뉴 리테일이란 이렇다, 어떤 이는 뉴 리테일이란 저렇다, 어떤 이는 뉴 리테일이란 애당초 존재하지 않는다고 생각한다.

얼마 후 나는 상하이의 저명한 경영자 클럽인 영교공방(領教工坊)에서 뉴 리테일을 주제로 한 포럼에 참석했다. 뉴 리테일은 본질을 뒤

집는 이노베이션(innovation)인가? 아니면 본질로의 회귀인가? 내빈은 각자 자신의 의견을 말했지만 역시 공통된 인식을 가지는 것은 어려웠다.

대체 뉴 리테일이란 무엇인가? 과연 뉴 리테일이란 정말 존재하는가? 하는 논란에 대해 내가 의견을 개진할 때에는 이해하기 쉽게 폴란드 천문학자 니콜라우스 코페르니쿠스의 이야기를 되짚어 보기로 했다.

처음에 인류는 대지가 평평하다고 믿었다. 현존하는 사료에 따르면 고전시대(기원전 5~4세기)의 그리스, 철기 시대의 근동(近東 유럽과 가까운 동방제국), 굽타 왕조(4~6세기)의 인도 및 북미 원주민, 17세기 이전 중국 등 수많은 고대 민족의 세상에 대한 인식은 기본적으로 일치했다.

만약 이 시대 사람들에게 '이 세계의 본질은 무엇인가?'라고 묻는다면 이렇게 말할 것이다.

"하늘은 평탄한 대지 위에 거꾸로 놓인 커다란 공기그릇 같다."

현대의 우리는 그들을 무지하고 어리석다고 여길지 모른다. 그러나 인류의 조상은 자신의 두 눈과 감각에만 의존해 발밑의 대지는 평면일 것으로 추정했다. 비행기도 인공위성도 없는 시대에 이런 결론을 내린 것은 결코 이상하거나 무식한 것이 아니다.

후에, 종교와 과학의 발전에 따라 인류는 대지가 평면이 아닌 것을 발견했다. 해면을 향해 한 개의 범선이 다가올 때, 가장 먼저 범선의 마스트가 보이고 이어 선체가 보인다. 만약 대지가 평면이라면 그것들은 동시에 보일 것이다.

그 후 인류는 오랜 시간을 들여 고대 로마학자 클라우디오스 프톨레마이오스(83년 경~168년 경의 고대 그리스의 수학자, 천문학자, 지리학자, 점성학자)가 제창하는 천동설을 받아들였다. 천동설은 일식과 월식을 예측할 수 있고 일부 천문현상을 해석할 수 있어 한동안 일관되게 정통사상으로 여겨져 왔다.

만약 이 시대 사람들에게 '이 세계의 본질은 무엇인가?'라고 묻는다면 이렇게 말할 것이다.

"지구는 우주의 중심에 있고 모든 별이 지구 주위를 돌고 있다."

천동설은 이 시대의 천문학에서 뉴 리테일이다.

물론 우리는 오늘날 천동설도 이 세계의 본질은 아닌 것으로 알고 있다. 코페르니쿠스는 하늘을 관찰해서 지구가 우주의 중심일 수 없다고, 그렇지 않으면 수많은 천문현상을 설명할 수 없다는 것을 알았다. 그는 지구가 태양 주위를 돌고 있다는 지동설을 제창했다. 그의 불후의 명저 〈천구 회전에 대해〉는 현대 천문학의 출발점으로 여겨진다.

만약 이 시대 사람들에게 '이 세계의 본질은 무엇인가?'라고 묻는다면 이렇게 말할 것이다.

"태양이 우주의 중심에 있고 지구도 태양 주위를 돌고 있다."

지동설은 이 시대의 천문학에서의 뉴 리테일이다.

그러나 세계의 본질에 얽힌 역사 이야기를 들었다면 당시 사람들이 지동설을 받아들이기가 얼마나 어려웠는지 알 수 있을 것이다. 위대한 천문학자 조르다노 브루노는 코페르니쿠스의 설을 일관되게 선양 옹호했다가 화형에 처해지기도 했다.

과학은 더 진보해 나아간다. 후세의 인류는 태양도 실은 우주의 중심이 아니라 단지 태양계의 중심일 뿐이며, 태양계도 단지 은하계의 일부일 뿐이고, 은하계도 우주 속의 하나의 먼지일 뿐이라는 것을 알아냈다.

여기서 흥미로운 문제가 생긴다. 천동설이 본질이 아니라면 지동설이 본질이라고 할 수 있을까?

물론 그렇게는 말할 수 없다. 우리가 본질을 인식하는 길은 앞으로 갈 뿐이지 결코 뒤돌아보는 일은 없다. 태양이 우주의 중심이 아니라는 것은 단지 천동설이 틀렸음을 증명하는 것일 뿐, 그것이 지동설이 옳다는 것을 증명할 수는 없다.

이는 현재의 뉴 리테일에 대한 우리의 태도와도 같다. 과거에는 천동설처럼 오프라인 소매유통이 소매유통의 본질이라고 생각했지만, 그 후에 인터넷 e커머스가 등장했고, 오프라인 소매는 소매의 한 형태에 불과했으며 결코 본질은 아니며 효율의 좋은 형태도 아니라고 알게 되었다. 그리고, 지동설과 같이 대다수의 사람이 인터넷의 e커머스를 신앙하기 시작했다.

마찬가지로, 인터넷의 e커머스 발전에 보틀 넥이 생겼을 때, 이 또한 소매의 본질은 아님이 증명되었다. 오프라인 소매상들은 천동설 옹호자처럼 이제야 본질로 회귀하지 않았느냐며 펄쩍 뛸 듯이 기뻐했다, 그러나 인터넷 e커머스에 보틀 넥(병목현상)이 나타났다고 해서 오프라인 소매가 소매의 본질이라는 것을 증명할 수는 없다.

시어즈는 19세기 뉴 리테일이고, 월마트는 20세기 뉴 리테일이다. 소매유통도 반드시 앞으로 나아간다. **소매유통의 본질은 반드시 앞에 있고, 결코 뒤에는 존재하지 않는다.**

이것이 첫 번째 사고 모델 진화사상이다. 시간축에 따라서, 부감적(俯瞰的)으로 소매의 변천을 보면 눈치챌 것이다.

이 세계에 소매유통(리테일)이 존재하는 한, 새로운 소매유통(뉴 리테일), 그리고 다시 새로운 소매유통(새로운 뉴 리테일)이 나타날 것이다. 그리고 최신 리테일은 영원히 존재하지 않는다. 왜냐하면 진화는 영원히 멈추지 않기 때문이다.

▶변혁의 시대의 사고(思考) 모델, 둘째 '본질 사상'

대학을 졸업한 후 업계에 뛰어들었을 때, '이 업계는 이렇구나' 하고 생각한다. 퇴직을 하고 그 업계를 떠날 때에도 '이 업계는 역시 이런 거였군' 하고 생각한다. 이 업계는 예전에는 이러했고, 현재도 이러하며 미래도 이러할 것이며, 반드시 영원히 이러할 것이라고 우리는 인식한다.

우리는 이 업계에서 충분히 파악하고 있는 방법론을 본질이라고 생각할 것이다.

'방법론'이란 무엇인가? '본질'이란 무엇인가?

예를 들어보자. 내가 15년 경력의 베테랑 운전사라고 해보자. 운전 면허학원에 다닐 때, 나는 강사들로부터 클러치, 기어 체인지, 액셀, 브레이크, 스티어링 등을 배웠다. 처음에는 확실히 습득하기 어려웠지만, 연습을 거듭해 실력을 향상했다. 지금은 아무리 주차하기 어려운 장소라도 한 번에 후진 주차도 할 수 있고, 중국이든 미국이든 자유자재로 운전할 수 있을 만큼 여유가 있다. 그럼 이렇게 15년 운전 경력이 있고 우수한 드라이브 기술을 가진 내가 차를 잘 알고 있다고도 할 수 있을까? 그렇다고는 말할 수는 없을 것이다.

어느 날 길에서 엔진이 고장 나는 바람에 나는 어쩔 수 없이 전화로 도움을 구했다. 달려온 엔지니어는 잠깐 만져보더니 바로 차를 고쳐주었다. 호기심 때문에 어떤 문제가 생겼는지 물었더니 엔지니어가 친절하게 오래 설명해주었지만, 사실 전혀 이해하지 못했다. 속으로는 '뭐 어때, 운전만 잘 하면 되지'라고 생각했다. 하지만 이때 깨달았다. 내가 잘 알고 있던 것은 '차'가 아니고, '운전'이었던 것이다.

같은 이치에서 계속 변하지 않는 소매업계에 15년간 종사해 왔지만 정말 소매유통을 알고 있는가? 반드시 그렇지는 않다.

대다수의 사람들은 고정된 소매의 로직에 따라 얼마나 잘 '운전'하는지를 이해하고 있는 것뿐으로, 아무리 베테랑이라고 하더라도 그들이 소매란 '차' 자체를 완벽하게 이해하고 있는 것은 아니다.

소매라는 '차'에 이상이 일어났을 때, 즉 비즈니스계의 변혁이 일어났을 때 이 '차' 자체를 이해하는 것이 가장 중요한 것이다. 이것이 두 번째 사고(思考) 모델인 '본질 사상'이다. '본질 사상'을 보다 자세하게 살펴보자.

지리그룹(geeLy 浙江吉利控股集团有限公司) 창업자 리슈푸(李書福)가 자동차업계에 뛰어들었을 때, 업계에서 그는 그다지 평가받지 못했다. 기자가 자동차에 대해 어떤 견해를 가지고 있는지 묻자 그는 이렇게 말했다.

'자동차란 4개의 타이어와 2열 좌석으로 구성된 것 아닌가!'

이 한마디에 업계 전체가 그를 무지하다고 냉소로 비웃었다. 하지만 지금은 지리(吉利汽車, Geely Automobile)를 비웃을 사람은 아무도 없을 것이다.

2017년 지리의 자동차 판매 대수는 120만대로, 증가율은 60%를 넘어 순이익이 100억 위안에 달했다. 지리는 유명 자동차 브랜드 '볼보'를 인수해 업계가 아무 말도 못하게 할 정도의 힘을 얻었다.

리슈푸의 힘이 막강해진 지금에서야 그가 내뱉은 크레이지한 발언을 돌이켜 보지만, 어쩌면 그것이 옳았던 것은 아닐까?

자동차에 4개의 타이어와 2열 좌석들만 있는 것이 아닌가?

4개의 타이어와 2열 좌석들은 차의 본질이다. 세계 최초의 자동차가 발명된 이후로 아무리 테크놀로지가 진보해도, 보다 안전하고 쾌적해졌다 해도, 이 본질이 변한 것은 없다.

자동차업계에 오래 종사하다 보면, 보다 고성능인 카 오디오나 더 아름다운 도장을 본질로 보기 시작해 본래의 본질은 무엇인가를 잊어

버린다. 즉, 하나의 업계에 오랫동안 종사하고 있으면 특히 일시적인 방법론이 가져오는 성공에 눈을 빼앗기고 그 본질이란 무엇인가를 잊어버리게 되고 마는 것이다.

이와 같이 고객에게 웃음을 주면, 이렇게 조명을 설계하면, 이처럼 상품을 진열하면, 이렇게 서플라이어와 상담하면, 등등의 방법론들은 소매업계에 커다란 성공을 가져왔다.

이 사고방식은 옳은 것일까? 그렇다. 효과도 있을까? 효과도 있다. 그러나 이것들은 본질은 아니고, 정보의 흐름, 돈의 흐름, 물류의 특정 조합 아래 고객을 기쁘게 해서 상품을 최적화하고 효율을 올리기 위한 방법론일 뿐이다. 그렇다면 본질이라고 하는 것은 무엇인가?

소매유통의 본질은, '사람'과 '물건'을 연결하는 '장소'이며, 그 '장소'의 본질은, 정보의 흐름, 돈의 흐름, 물류의 다종다양한 조합이다.

안정의 시대에서는 업계의 방법론을 공부하는 것이 더 필요하지만, 변혁의 시대에서는 업계의 본질을 이해하는 것이 더 필요하다.

▶변혁의 시대의 사고(思考) 모델, 셋째 '시스템 사상'

내가 들은 비즈니스 모델의 정의 중 가장 좋은 것은 비즈니스 모델 전문가이자 베이징대 교수인 웨이보(魏煒)의 정의다. 그는 이렇게 정의한다.

'비즈니스 모델이란 스테이크홀더(stakeholder)[01]의 거래구조다.'

무슨 뜻일까? 예를 들어보자. 사무실 밀집 지역에서 점심 장사를 타겟으로 레스토랑을 오픈한다면, 이전에는 어땠을까?

우선, 오피스 빌딩에서 가능한 한 가까운 곳, 큰길에 접하는 곳의 자리를 빌릴 수 있으면 베스트다. 왜일까? 오피스 빌딩에서 일하는 회사원들은 점심시간에 밖으로 나오기는 하지만 점심시간은 제한되어 있으므로 그다지 멀리까지는 갈 수 없다. 그러니까 오피스 빌딩에 가까울수록, 큰 대로에 있어서 눈에 잘 보일수록 영업은 잘 된다. 만약, 경영을 잘하는 레스토랑의 오너에게 '당신의 비즈니스에서 가장 중요한 비결은 무엇인가?'라고 물으면 틀림없이 이렇게 말할 것이다.

"비결은 없다. 단지 고객에게 성심성의껏, 최고의 맛으로 최고의 코스트 퍼포먼스 요리를 제공할 뿐이다."

'고객에게 성심성의껏 바친다.' 이것은 유저(소비자) 사상이다.

'최고의 맛이자 최고의 코스트 퍼포먼스 요리.' 이것은 제품 사상이다.

그가 하는 말은 옳은 것일까?

물론 옳다. 그러나 100% 정답이라고 할 수는 없다. 왜냐하면 그가 이렇게 답한다는 것은 그의 비즈니스가 그 스스로 완전히 이해하지 못한 비즈니스 모델에 기반하고 있다는 것을 모르고 있기 때문이다.

---

01) 스테이크홀더(stakeholder): 이해관계가 있는 개인이나 그룹. 기업의 경우 주주, 노동자, 소비자, 하청업체 등이 포함된다. 사업에 영향을 줄 수 있는 모든 사람이나 조직을 말한다.

이 비즈니스 모델에 있어서 레스토랑과 고객의 거래구조는 '집세'로 '사람들의 흐름'을 사는 것이었다.

"굳이 그런 말을 할 필요가 있나? 당신이 말하는 무의미한 전문용어를 이해하지 못하더라도 난 내 사업을 잘 하고 있는데. 당신은 말로는 그렇게 쉽게 하지만, 실제로 말한 것을 보여 줄 수 있는가?"라고 그는 반박할 수도 있다.

안정의 시대라면, 나는 쓸데없는 말을 하지 않고 조용히 식사를 하고 식사가 끝나면 이 레스토랑의 장사가 잘 되길 바라며 계산을 하고 가게를 나섰을 것이다. 그러나 변혁의 시대에서 그와 같은 생각은 위험하다.

오늘날, 온라인에서 어러머(餓了麼 Ele.me)라는 음식배달 전문사이트가 등장했다. 어러머는 이용한 적이 없다고 하더라도 메이탄 와이마이(美团外売)나 바이두 와이마이(百度外売)를 한 번쯤 이용해본 경험이 반드시 있을 것이다. 이들 배달전문 사이트의 등장으로 인해 사무실 빌딩의 직장인들은 사무실 밖으로 나가지 않고도 점심식사를 할 수 있게 됐다.

이 경우, 아무리 소비자 사상(고객에게 성심성의껏 바친다)과 제품 사상(최고의 맛으로 최고의 코스트 퍼포먼스 요리)으로 무장하고 있다고 해도 손님의 발길은 점점 뜸해지고 만다. 그것은 오피스 가의 점심장사 비즈니스라고 하는 시스템의 거래구조가 변화했기 때문이다.

시스템에 대한 생각을 가지고 있는 사람, 즉 '스테이크홀더 사이의

'거래구조'를 이해하고 있는 사람이라면, 이때 비로소 '이것은 찬스나!'라고 깨닫게 될 것이다.

많은 회사원이 딜리버리 사이트에서 점심을 주문한다면, 굳이 오피스 빌딩 근처나 큰길에 접한 곳에 레스토랑을 차릴 필요는 없다. 왜 그럴까? 손님이 점심을 먹으러 오는 것이 아니라, 가게가 손님에게 점심을 가져다주기 때문이다.

사무실 건물로 3㎞ 내의 구석진 골목이라도 아무렇지 않으니 세가 싼 곳을 빌리면 된다. 후미진 뒷골목이라면 300m 내에 있는 인기 음식점보다 세는 당연히 많이 쌀 것이다. 이것이라면 같은 퀄리티의 요리라도 인기 음식점보다 저가격으로 제공하거나 같은 가격에 치킨구이나 삶은 달걀, 과일 샐러드 등의 옵션을 붙일 수 있다. 이로써 경쟁력은 다른 가게보다 훨씬 강해진다. 뿐만 아니라 온라인 딜리버리 주문이 늘어나고 오프라인 고객들의 주문이 줄어들면, 식당 전체를 커다란 주방으로 만들 수도 있다.

일반적인 레스토랑은 점포 면적의 약 20%가 주방, 80%가 홀이다. 여기서 홀을 없애면 월세 비용을 80%나 더 절약할 수 있다! 그러면 음식 가격을 더 낮출 수 있고, 음식을 더 업그레이드할 수 있다. 이렇게 하여 더 주문이 증가하면 홀을 차지하던 점포의 80%를 주방으로 만들어, 거대한 '생산 능력'을 갖춘다. 격증하는 요구에 대응하는 것이다.

또 한편으로는 오피스 빌딩 옆 대로에 있는 식당은 임대료가 올라갈수록 경영 부진에 빠져, 어쩌면 경영주는 자신의 생각을 의심하기 시작할 정도로 심각한 사태가 빚어질지 모른다.

틀림없이 그는 사용자 사상이 부족했거나, 제품 사상이 부족했다고 생각할 것이다. 그는 직원들에게 더 정성껏 접객을 하라거나 더 맛있는 음식을 만들라고 요구한다. 하지만 그래도 옛 영광을 되찾지는 못할지도 모른다.

이것이야말로 세 번째 사고 모델, '시스템 사상'이다.

제2장에서 말했던 '상품의 총이익에서 정보 비용을 커버하는' 기존 소매유통에서 '상품을 판매하지 않는 체험형 점포'로 바뀌어 가는 소매유통의 거래구조 전환도, '스테이크홀더 간의 거래구조'가 최적화된 시스템 사상이다. 창업자 대부분이 사용자 사상과 제품 사상은 갖췄지만, 시스템 사상이 부족해서 스테이크홀더 간 거래구조를 이해하지 못하고 있다. 그러면, 시대의 변혁 속에 슬픔에 잠기면서 비즈니스계를 떠나게 되고 말 것이다.

그것에 대해 본서에서 논해 온 '데이터 임파워먼트', '매장 효율 혁명', '단락경제'는, 시스템 사상의 시점에서 소매유통의 시스템을 탈구축하고 조합을 최적화하여 새로운 원동력을 낳는다.

우리는 이러한 최적화된 시스템의 조합을 '비즈니스 모델의 이노베이션'이라고 부른다.

첫째, 진화 사상을 이용해서 과거에 믿었던 모든 것은 최종적이고 완벽한 상태가 아니며 지금도 진화는 지속하고 있음을 보여준다.

둘째, 본질 사상을 공부해 방법론과 본질의 차이를 구별하고, 끊임

없이 그것을 검증하고, 변혁의 시내에서는 본질에 근거한 새로운 방법론을 탐구한다.

셋째, 시스템 사상을 이용해 모든 본질의 요소의 탈구축, 재구축을 실시하고, 거기서 생겨난 새로운 시스템의 스위치를 다시 누른다.

그 큰 동력에 밀려 당신의 비즈니스 모델은 목표를 향해 질주하는 것이다.

'뉴 리테일'의 미래를 예측하다

▶제조사 대표인가, 사용자 대표인가

이 책의 집필을 시작할 때, 사실 나는 조금 고민하고 있었다. 진화 사상의 관점에서 보면 우리가 지금 이해하는 뉴 리테일도 시간이 지나면 반드시 올드 리테일이 될 것이기 때문이다.

내가 이 정도의 시간을 허비하면서 언젠가는 시대에 뒤처질 것이 뻔한 저서를 써야 할까? 그러나, 마찬가지로 진화 사상의 시점에서 보면, 어떤 관점에 서면 모두 다 시대에 뒤떨어지지 않을까?

그래서 나는 용기를 내, 이 변혁의 시대에 대한 나의 이해를 다시 쓰기로 했다. 이왕 쓸 바에는 철저하게 쓰기로 하고, 과거를 총괄할 뿐만 아니라 미래에 대한 판단도 제시하고자, 더욱더 용기를 내어 거대한 위험을 짊어지고 본서를 쓴다. 본서에 기술한 것은 올바를 수도, 어쩌면 실수일지도 모른다. 어디까지나 참고로 읽어 주었으면 한다.

소매유통의 한 쪽은 기업, 즉 상품을 생산하는 제조사이다. 다른 한 쪽은 사용자(유저), 즉 상품을 구매하는 소비자이다. 소매유통 기업들은 그 중간에 있는 가치의 증폭자로서, 기업 측에 서서 메이커의 이익을 대표해야 할까? 그렇지 않으면 사용자 측에 서서 소비자의 이익을 대표해야 할까?

이 가치관의 문제에 있어서 당신이라면 어느 쪽을 취사 선택할까?

당신은 '물론 소비자를 대표해야 한다, 소비자는 왕이다.'라고 대답할지도 모른다. 그러나 과거 대부분의 소매유통이 선택한 것은 제조사였다. 왜 그럴까? 소매업체들은 일단 상품을 구매하면 그걸 팔아야하기 때문이다. 즉, 때로는 상품이 소비자의 요구에 맞지 않아도 훌륭한 화술로 소비자에게 그 상품이 필요하다고 느끼게 해야 했다. 여기에는 물론 자기들의 이익도 포함되어 있다.

과거 소매유통 기업은 '중에게 빗을 판다'는 것을 영광스럽게 생각했다. 하지만 마윈은 '중에게 빗을 파는 것'은 사기와 같다고 말한다.

왜 당신은 스스로에게 이건 '화술'이라고 하는가? 정말로 빗이 삭발한 사람에게 도움이 된다고 생각하는가? 왜 그렇게 자신을 속여야 하는가? 그것은 빗을 팔아 생기는 이익도 있지만, 끊임없이 매출 신장을 해야 하는 입장에 처해있기 때문이다.

일반적으로 제조사들은 소매유통 기업의 판매성적을 보고 이를 바탕으로 할인율을 설정하거나, 나아가 다음 해의 대리권 수여 여부를 결정하기 때문이며 결국 소매유통 기업들의 이익이 걸려 있기 때문에 수단방법을 가리지 않고 매출 신장에 힘써야 하기 때문이다.

대부분의 소매유통 기업이 제조사를 대표한다고 하는 것은 순행의 상품 서플라이 체인(supply-chain)에 있어서의 로직이다. 하지만 C2B(소비자가 요구하는 제품을 쇼핑센터가 만들어 주는 것), C2M(소비자가 주문하고 제조업체가 생산하여 판매하는 것) 등의 리버스 체인(역행의 상품유통)의 출현으로 바야흐로 모든 것이 변하려 하고 있다. (표 4-6 참조).

▶비싼 물건을 팔 것인가, 올바른 물건을 팔 것인가

누가 기업을 대표하고 누가 사용자(유저)를 대표하는지, 보험 업계를 예로 들어 설명하자.

보험을 판매하는 기업, 혹은 개인에게는 두 종류의 판매 모델이 있다. 하나는 보험 대리점, 또 하나는 보험 중개인으로 이 2개의 판매 모델은 전혀 다르다.

만일 내가 보험 대리점이라면, 나는 보험회사의 편에 서서 보험회사의 가격 시스템의 범위 내에서 경쟁상대의 보험회사와 쟁탈전을 벌여야 한다. 소비자가 보험상품을 필요로 하지 않더라도 화술을 능숙하게 구사해 계약을 성사시켜야 한다. 왜냐하면, 나의 이익은 보험회사로부터 이익이 배분되기 때문에 보험회사의 상품을 많이 판매하면 할수록 자연스럽게 내 이익도 많아지기 때문이다.

하지만 만일 내가 보험 중개인이라면, 나는 어느 보험회사도 대표하지 않는다. 따라서 나는 고객의 편에 서서 그들의 요구를 이해하고, 전문가의 수완을 발휘해서 수많은 보험상품 중에서 그들에게 가장 필요하다고 생각되는 상품을 선택해 소개한다. 또, 보험회사에 가능한 범위에서 할인을 요구해 고객에게 코스트 퍼포먼스가 높은 보험의 편성을 제공한다. 나는 주로 보험계약자로부터 서비스료를 받고, 보험회사로부터도 일정 비율의 마진(매수 수수료)을 받기 때문이다.

이는 가치관 선택의 문제이기도 하다. 과거에는 소매유통 기업이 제조사를 위해 상품을 판매하는 만큼, 당연히 매출이 많을수록 소매

기업의 이익분배도 많아졌다. 그러나, 헌새는 이것이 유일하게 올바른 가치관이라고 할 수 없을지도 모른다.

기업을 대표할 것. 사용자를 대표할 것. 이 두 가지 가치관이 현재는 동시에 존재한다. 성공하고 있는 소매유통 기업은 비록 그 비즈니스 모델이 각각 다르다고 해도 소비자 측에 서 있는 것이 많다.

▶매출총이익이 아닌 회원비를 벌다, 코스트코

제4장에서 소개한 코스트코의 경우를 기억하는가?

코스트코의 기본적 가치관은 기업 편에 서서 소비자(유저)로부터 더 많은 돈을 버는 것이 아니라, 소비자 측에 서서 소비자의 돈을 더 많이 절약하자는 것이다. 코스트코는 소비자 편에 서는 것을 선택했다. 왜 그럴까? 코스트코는 소비자로부터 회원비를 받았고, 그 회원비의 비즈니스 모델은 코스트코와 소비자를 같은 배에 태웠다.

코스트코의 회원들은 이렇게 말할지도 모른다.

"코스트코는 우리 회원들을 위해 왜 좀 더 저렴한 상품을 제공하지 않는가? 다른 슈퍼와 가격이 거의 똑같다면 내년 연회비는 지불하지 않겠다."

코스트코의 입장에서 보면, 수입을 회원비에 의존하는 것으로 일단 결정하면 그 입장은 회원들과 같아진다. 보다 품질이 좋은 상품을 보다 저렴한 가격으로 판매하도록 노력하고 그렇게 함으로써 회원은 계속해서 연회비를 지불한다. 상품이익은 점포 운영 비용을 커버할 수 있으면 충분하고, 상품 자체에서 많은 이익을 얻을 필요는 없다.

고품질, 저가격 상품으로 인해 회원의 고객 로열티는 자연스럽게 높아지면서 2016년도 회계에 따르면 북미 코스트코 회원 지속률은 90%, 세계 평균의 지속률은 88%를 기록했다. 코스트코는 소비자를 위해 상품을 엄선하고 저가를 실현한다. 소비자는 서비스료를 지불하기만 하면 된다.

코스트코가 서비스 제공자의 역할을 담당해 고객 측에 서서 성공하고 있는 이 비즈니스 모델은 많은 기업의 본보기가 되어, 기업 측이 아닌 소비자 측에 서는 것이 하나의 트랜드가 되어가고 있다.

▶리스팅 광고로 광고비를 걷다, 알리바바

소비자(유저)를 대표하는 쪽을 선택한 기업이 한 곳 더 있다. 알리바바 그룹이다.

알리바바의 e커머스가 성공을 거둔 것은 기존의 가치관을 뒤엎고, 제조사를 위해 상품판매를 지원하는 것이 아니라 사용자가 보다 나은 상품을 구입할 수 있도록 지원했기 때문이다.

이 가치관은 어떻게 해석하면 좋은가?

알리바바는 담보거래 로직대로 알리페이(Alipay)를 개발해, 타오바오(Taobao.com)의 설립 초기에 온라인 쇼핑에 대한 신용문제를 해결했다. 구매자가 상품을 구입할 때 먼저 상품대금을 지급하지만 이 대금은 바로 매도자 은행계좌에 직접 입금되지 않고, 일단 알리페이 은행 계좌에 예치된다.

알리페이는 입금을 확인하면 판매자에게 구매자 지불이 완료되었으므로 상품을 발송하도록 통지한다. 구매자가 상품 수령 후 상품에 문제가 없음을 확인하고 '수령확인'을 클릭하면 알리페이 계좌에 보관하던 대금이 매도자의 은행 계좌로 송금된다.

알리페이가 개발되면서 구매자는 안심하고 온라인 쇼핑을 즐길 수 있게 되었다. 왜냐하면 구매자에게는 수령한 상품에 만족하지 않으면 반품할 수 있는 권리가 있기 때문이다. 판매자는 파손 상품 등을 대충 보낼 수 없고, 높은 신용성이나 성실성이 요구된다. 만약 구매자가 대금을 지불하지 않거나, 반품을 받으면 판매를 위한 작업이 모두 헛된 노력이 되기 때문이다.

하지만 매수자 보호가 너무 지나쳐 오히려 나쁜 결과도 생겼다. 매도자가 아니라 매수자의 신용도가 낮아지기 시작한 것이다. 예를 들면, 상품을 사겠다고 주문을 하고서 순간적인 변심으로 아무 문제가 없는 상품을 반품하거나, 심지어는 상품을 받고도 받지 않았다며 대금을 지불하지 않는 사례까지 발생해서 판매자에게 매우 불공평한 시스템이 되었다.

그렇다면 어떻게 하면 이런 행위를 방지하거나 없앨 수 있을까?

100%의 완벽한 방법 같은 건 존재하지 않는다. 이 상황에서 알리바바는 조금도 망설이지 않고 소비자 편에 서는 것을 택했다.

알리페이를 사용하는 소비자를 과보호하는 것 이외에, 알리바바의 사용자 보호는 정보제공 측면에도 반영되어 있다.

예전에는 백화점에서 상품을 구입하려 하면, 동일 상품임에도 각 백화점에서의 판매가격이 다른 정보의 비대칭성이 존재하고 있었다. 하지만, 타오바오에서는 가격이나 신용도로 그 상품을 판매하는 숍 리스트를 확인하면 어느 숍이 비싸고 싼지를 한눈에 알 수 있다. 이러한 정보제공으로 동일 상품을 다른 가게보다 0.01위안이라도 높게 가격을 설정하면 팔리지 않게 되어 버릴 가능성이 생겼다.

또 하나의 정보는, 타오바오 사이트에서의 신용도다. 그 숍에서 상품을 구입한 유저의 평가 코멘트는 지금부터 구입하려는 유저의 판단을 좌우한다. 후기를 보면 좋은 상품인지 나쁜 상품인지 일목요연하게 확인이 되므로 숍은 신중하게 비즈니스를 해야 하고 어느 사용자에 대해서도 방만한 태도를 취할 수 없다.

타오바오는 구매자에게 권한을 장악하게 해주고, 알리페이를 비롯한 다양한 방법으로 구매자를 보호했다. 그렇게 구매자의 편에 서서 알리바바는 대성공을 거두었고 대량의 구매자와 판매자를 플랫폼에 축적하고 그중에서 자신의 비즈니스 모델을 찾아냈다.

매도자가 많을 때, 소비자는 자연스럽게 검색 기능으로 자신에게 맞는 판매자를 찾는다. 그러나 동일 상품 판매자가 지나치게 많은 경우 일반 매장들은 검색 결과를 수십 쪽이나 스크롤해도 구매자가 찾아낼 수 없다. 그래서 타오바오는 클릭과금형 리스팅 광고인 직통차(直通車)서비스라는 것을 제공했다. 판매자들은 이 리스팅 광고를 이용해 순위를 끌어올리고, 구입한 광고 공간에 자신의 가게 상품을 게시한다. 알리바바는 이렇게 함으로써 광고비를 받는다.

이것이야말로 알리바바의 비즈니스 모델이다. 알리바바의 본질은 광고회사다. 하지만 이 비즈니스 모델은 판매자를 고민에 빠뜨렸다. 리스팅 광고를 이용하게 되면 고객 모집비용이 올라간다. 즉, 광고비를 내고 나면 이익은 거의 플랫폼에 회수되어 버리는 격이다. 그러나 광고를 내지 않으면 구매자가 찾아올 수 없다. 하지만 광고 비용을 판매가격에 얹어 다른 판매자보다 가격을 올리고 싶지는 않다.

이러한 상황의 최종 결과로 판매자는 광고를 하는 대신 구매자가 볼 수 있도록 상품의 판매가격을 계속 낮췄고, 반대로 알리바바는 많은 구매자가 몰려 또 다른 판매자를 끌어들임으로써 많은 이익을 얻었다.

▶플랫폼을 제공하여 판매수수료를 징수한다, 아마존

미국 최대의 EC 플랫폼 아마존은, 미국의 알리바바라고 불리지만 사실 양자의 이익구조나 비즈니스 모델은 전혀 다르다.

최대의 차이점은 아마존은 구글 등 외부 링크로부터 상품을 검색할 수 있다는 점이다. 아마존은 유저가 사이트 내 검색을 하는지 아닌지는 근본적으로 주시하고 있지 않다.

왜냐하면, 이익구조가 광고에 의존하는 것이 아니라, 판매자의 판매 수수료에 의존하기 때문이다. 예를 들면, 판매자가 상품을 판매하면 아마존은 그 판매액에서 2%의 판매 수수료를 징수하고 있다. 사이트 내 검색이든, 외부 링크의 액세스든, 거래가 성립하기만 하면 아마존은 이익을 얻을 수 있다.

알리바바는 광고비를 받고 아마존은 판매수수료를 받는다. 서로의 비즈니스 모델은 다르지만, 양자 모두 완전히 소비자 측에 선 기업이다.

아마존은 유저에게 상품 검색의 플랫폼을 제공하고, 숍에는 엄격한 스크리닝(적격심사)이나 평가를 실시한다. 숍의 리스팅 광고는 하지 않고, 상품에 문제가 있다고 한 번이라도 유저로부터 클레임을 받는다면, 어떠한 유명 브랜드라도 그 상품은 즉시 사이트에서 삭제된다.

엄격한 품질관리에 의해, 아마존에는 품질에 대한 요구가 높은 유저가 많이 집중하고 있다. 판매가격에 대해서는 과도하게 제한하지 않고 숍 자유경쟁으로 하고 있지만, 상품 품질이라는 생명선을 사수하므로 이용자는 확실하게 품질이 보장된 상품을 고를 수 있다.

판매수수료 외에는 아마존도 코스트코와 유사한 회원 서비스 '아마존 프라임'을 제공했는데, 연회비 99달러로 사람의 마음을 움직이는 감동적인 서비스를 누릴 수 있다고 한다.

예를 들면, 미국에서는 배송에 통상 3~5일이 걸리지만 프라임 회원이라면 2일 이내에 도착한다. 디지털 컨텐츠는 킨들(Kindle) 디바이스를 통해 35만 권 이상의 전자 서적을 무료 다운로드할 수 있고, 무제한으로 텔레비전 프로그램이나 영화를 볼 수도 있다. 그 외에 용량 무제한 온라인 포토 스토리지, 부정기적인 회원 특별 할인 등이 있다. 이것이 바로 아마존의 저력이다.

어떻게 유저들로부터 회원비를 징수할 용기가 나는 걸까? 실은 이것도 유저의 입장에 근거하는 가치관으로, 유저들이 보다 좋은 상품을 찾을 수 있게, 보다 좋은 서비스를 제공하는 것이다.

이윤에 매달리지 않고 회원비를 징수한다. 리스팅 광고를 통해 광고비를 받는다. 플랫폼을 제공하여 판매수수료를 받는다.

이 세 가지 경우에서 소매업계의 거두 코스트코, 타오바오, 그리고 아마존까지 3개 회사의 비즈니스 모델과 이익의 구조는 각각 전혀 다르지만, 사용자 측에 서겠다는 선택은 생각지 않게 일치했다는 것을 알았을 것이다.

앞으로 비즈니스계에서는 갈수록 많은 소매유통 기업이 기업 편에 서서 기업을 위해 상품을 판매하는 것이 아니라, 사용자 편에 서서 사용자에게 더 좋은 서비스를 제공하는 것을 택할 것이다. 이것은 소매 유통 업계의 큰 방향이다.

▶정보 비용을 지불하는 것은 새로운 동향이 될 것인가?

제2장에서 언급했지만 정보의 흐름, 돈의 흐름, 물류의 3가지 요소가 인터넷에 의해서 분리되면서 정보의 비용을 부담하고 있던 기존의 백화점이나 슈퍼마켓은 부담하는 만큼 이익을 얻지 못하고 점점 어려움에 빠졌다.

'상품의 총이익(매출-매출원가)으로 정보 비용을 커버한다'고 하던 종래의 모델은 시련에 직면하고 있다. 이 가혹한 시련은 지금 끊임없이 진화를 거듭하고 있고, 그 진화의 한 방향이 바로 '판매하지 않는 체험형 점포'이다. '판매하지 않는 체험형 점포'란, 다시 말해 오프라인의 정보 비용을 부담하는 새로운 존재로 유명 브랜드 기업들이다.

필자는 이미 앞에서 새로운 비즈니스의 클로즈드 루프(Closed loop)가 형성되었다는 것과 미국의 나이키, 네덜란드의 란제리 브랜드 첼리린, 미국의 하이엔드 백화점 노스트롬 등, 이 루프를 찾는 많은 선구자들을 소개했다.

판매하지 않는 체험형 점포를 제외하고 정보 비용을 부담할 수 있는 다른 방법은 없을까?

직접 정보에게 돈을 지불하는, '상품을 보여주면 돈을 내겠다'는 방법은 새로운 동향이 될 수 있을까? 직접 정보류에게 돈을 지불하다니, 그건 소설 속에나 나오는 이야기라고 생각하는 이들도 있을 것이다. '상품을 보여주면 돈을 지불한다'라니, 돈을 어디에 지불하든 상관없다고 생각하는 사람들이 있다는 건가? 실은 그렇다. 그런 사람들이 있다.

제2장의 첫 부분에서 2015년 '38소마 생활절'에 대해 소개했다. 이 행사는 광란의 소비자뿐만 아니라 비즈니스에 있어 가장 날카로운 후각을 가진 그룹 암표상(黃牛, 황뉴)들을 끌어들였다.

'38소마 생활절' 행사 당일, 알리바바의 본거지인 항저우시(杭州市)의 한 매장 앞에는 할인상품 바코드를 다닥다닥 붙인 보드를 손에 든

특수한 집단이 입구 곳곳에 서 있었다. 또, 1,200㎞ 떨어진 베이징시에서도 스스로 만든 바코드 책자를 들고 지하철역에 포진한 집단이 있었다. 이들이 그 유명한 암표상(황뉴)들이었다.

전국 각지의 암표상들이 같은 일을 하고 있었다. 이들은 월마트, 까르푸에 달려가서 스마트폰으로 매장 내 모든 상품의 바코드를 스캔했다. 이 데이터를 카테고리별로 정리해서 할인율이 높은 상품을 모아 한 권의 책자로 만든다. 그리고 이 책자를 가지고 지하철 역사에서 승객이 전동차를 기다리는 3~5분간의 틈새 시간을 노려 책자를 기다리는 승객에게 보여준다.

이 책자에 있는 바코드의 상품은 모두 3~5위안의 할인을 받을 수 있는 데다가, 모두 필수적 수요의 일용품이므로 적당히 몇 개 구매하면 20~30위안은 싸게 구입할 수 있었다.

대부분의 사람들은 한번 보면 분명히 아주 저렴하고 게다가 화장지, 치약 등의 생필품이니, 이런 생필품들은 썩지도 않고 조금 사둬도 손해 볼 일은 없을 거라고 생각한다.

상당히 좋은 아이디어라고 생각될 것이다. 암표상들에게 1위안을 지불하면 어느 것이든 자유롭게 스캔해서 상품을 살 수 있는 것이다. 사고 싶은 상품의 할인액을 합치면 수십 위안이 되기 때문에 암표상에게 1위안을 내는 것 정도는 아깝지 않다.

암표상이 가지고 있는 책자의 본질은 '정보'이고, 이들이 모아온 할인율이 높은 '상품 정보'는 바꿔 말하면 한 권의 '저가 슈퍼마켓'인 것이다.

　이런 상황이 말하는 것은 '정보 비용을 소비자에게서 지불하게 하는 것이 가능하다'는 것이다. 일단 가능해지면, 새로운 비즈니스 클로즈드 루프가 형성된다.

　슈퍼마켓의 정보 비용은 소비자뿐 아니라, 반대로 직접 제조사로부터 징수할 수도 있다.

　앞으로도 오프라인의 소매유통(슈퍼나 편의점 등)은 지속적으로 상품을 판매하여 이윤을 낼 것이지만, '매대 대여료'를 제조사로부터 받는 것이 더욱 중요한 수입원의 일부가 될지도 모른다.

　'매대 대여료'란 무엇인가? 상품을 진열대에 진열해 두는 비용으로, 슈퍼나 편의점에서는 이미 자리에 따라서 일정액을 징수하고 있다.

　'매대 대여료'의 본질은 소비자의 눈에 들기 위해 정보를 전달하려는 기업의 전시비용이다. 슈퍼마켓이나 편의점은 물론 상품 판매로 이익을 내고 있지만, 동시에 사람의 흐름이 많은 장소에 상품을 전시했을 때에 생기는 '매대'의 광고, 체험성(UX), 브랜드 인지도의 가치 또한 경시할 수 없다.

　노상에 네온간판을 설치한다는 것은 상품이나 기업을 광고하기 위한 것이다. 얼마나 많은 사람이 그 앞을 지나치며 네온사인 광고를 보고 기업이나 상품을 기억할까? 어쩌면, 슈퍼의 상품 선반 앞을 지나는 사람이 더 적을지는 모르지만, 매대에 놓인 상품을 기억하는 사람은 더 많을지도 모른다. 더군다나 슈퍼의 상품 선반에 놓인 물건들은 곧

바로 매출로 이어진다.

광고 수입, 이른바 정보 노출에 의한 수입은 장기적으로는 슈퍼마켓의 간과할 수 없는 큰 수입원이 될 가능성이 충분히 있는 것이다.

직접 정보에 돈을 지불하는 비즈니스 모델이 정말로 등장하고, 현실적으로 가능하다고 검증되면 또 다른 변화가 생긴다. 그것은 판매 채널의 서비스화다.

판매 채널의 서비스화란 무엇인가? 이전에는 채널 및 채널 말단에 있던 소매는 서비스가 아니라 판매를 주체로 한 비즈니스 모델이었다. 예를 들면 우리가 쇼핑을 할 때, 그 상업 시설을 '백화점'이라고 부르거나 '쇼핑센터'라고 부르는 것처럼 오프라인의 소매 안에서도 부르는 방법이 다르다.

상업 시설의 명칭을 확인하는 것 이외에 소비자들은 어떻게 그것이 백화점인지 쇼핑센터인지를 판단하는 것일까? 그들은 계산대를 보고 판단하고 있다.

전통적인 백화점들은 각 층에 하나씩 공용 계산대를 설치했다. 소비자들은 점포에서 선택한 상품을 들고 그 계산대로 가서 돈을 지불한다. 한편, 쇼핑센터는 각 임차인에게 독립된 계산대가 준비되어 있어 각 점포 내에서 직접 상품대금을 지불할 수 있다.

왜 이런 시스템이 되었는가? 그것은 백화점과 쇼핑센터는 배경이 되는 경영 모델이 전혀 다르기 때문이다.

백화점 비즈니스 모델은 공동경영이다. 백화점은 부동산 소유자로부터 경영장소를 빌려서 그것을 각 임차인에게 대여해주고, 임차인 매상의 일정 비율의 마진(매수 수수료)을 징수하는 것을 주 수입으로 운영하고 있다. 매출액을 정확히 기록하기 위해서 임차인에게 계산을 시키지 않는 것이다. 그렇지 않으면 임차인이 매출액을 실제보다 적게 보고하거나 허위 보고할 가능성이 있기 때문이다.

그래서 백화점에서는 각 층에 설치된 1대의 계산대에서 모든 계산을 하고 있다. 소비자가 지불한 상품대금은 우선 백화점으로 넘어가고 백화점에서는 마진을 뺀 금액이 임차인에게 넘어간다.

만약 임차인의 매출이 나쁘면 어떻게 될까? '그 정도 매출로는 어려우니 임차인을 교체하자!'라면서 다른 임차인을 찾을 것이다.

그러니까 백화점에서는 판매원이 마치 사냥감을 노리는 늑대와 호랑이처럼 몰려와 고객을 설득하고, '반드시 당신에게 판매하겠다'는 압박감을 고객들은 느끼지 않을 수 없는 것이다.

중국에 있어 백화점과 같은 시스템, 즉 판매나 재고 등의 경영 리스크를 일절 지지 않고, 고액의 자금이나 인건비도 필요로 하지 않는 공동경영 모델은 한때 보물처럼 추앙되고 있었다.

확실히 공동경영 모델은 중국의 백화점 업계를 빛나게 했다. 하지만 새로운 소비 동향에서 이 단순하고 거친 돈벌이는 고효율적인 소매 모델의 충격을 서서히 받기 시작했다.

예를 들면 쇼핑센터와 같이 말이다.

쇼핑센터의 배경에는 상업 개발업자인 경영자가 있다. 인테리어가 완성되면, 다양한 브랜드 기업에 장소를 대여한다.

임차인은 각 점포에서 독립된 계산대를 사용해 정산한다. 왜냐하면, 쇼핑센터는 월세만 징수하면 되기 때문에 세입자가 얼마나 매출을 올리더라도 상관없다. 그래서 쇼핑센터 명품 숍에서 접객은 그리 구차하지 않은 것이다. 또한 넓은 면적을 마음껏 공유 공간이나 휴게 구역으로 이용하여 보다 훌륭한 쇼핑 환경과 체험을 만들어내고 있다.

예를 들어 베이징시에 있는 젊은이에게 인기 있는 차오양다웨청(朝陽大悅城 chaoyang joy city)은 그 전형적인 케이스다.

2017년, 차오양다웨청은 숱한 쇼핑센터들 중에서 연간 매출액 41억 위안, 연간 고객 수 2,500만명 이상, 전년 동기 대비 신규회원 90% 증가, 월세 수입 5억 9,000만 위안 이상, 매장 효율은 전년 동기 대비 20% 증가라는 매우 뛰어난 업적을 거뒀다.

차오양다웨청이 이런 놀라운 업적을 남긴 이유는 몇 가지가 있는데, 첫 번째는 거대한 공간을 아낌없이 투입해 각종 갈라쇼, 테마공간, 체험공간을 만들고 마더니티룸(한국의 수유실, 베이비 케어 공간)도 충분히 설치했다는 것이다. 두 번째는 차오양다웨청은 점포를 브랜드 기업에 빌려줄 뿐만 아니라, 업그레이드된 서비스를 제공했다. 또, 차오양다웨청은 점포운영의 구상을 한 다음, 디자이너들을 모아 그들에게 디자이너 브랜드를 모은 편집숍을 온라인에 오픈시키는 등의 시도도 했다.

백화점의 비즈니스 모델과는 본질적으로 다른 점이 있다.

백화점이 오프라인의 매출액에 따라 이윤이 생기는 반면, 차오양 다웨청은 이미 정해진 임대료를 받기에 오프라인에서의 매출은 중요하지 않다. 그래서 마음껏 놀고 즐기고 편의성을 주어 체험의 장을 열어주고 오프라인에서 구매하던 온라인에서 구매하던, 입점 기업들의 전체 매출액(오프라인+온라인)만 높다면 성공인 것이다.

오프라인에서 둘러보고(정보 취득), 온라인에서 구입(결제의 완성)하는 모델은 소매의 주요한 경향이 되며, 판매를 목적으로 하는 백화점의 공동경영 모델이 큰 시련을 겪으면서 힘들어 할 때, 반대로 체험을 주목적으로 하는 쇼핑센터 임대 모델은 보다 큰 우위성을 발휘하게 되었다.

앞으로 점점 더 많은 소매 기업이 백화점 내에서 경영을 유지할 수 없고, 쇼핑센터로 이동해 상품의 이익만을 목적으로 하지 않고 서비스료를 이익으로 삼게 될 것이다.

예를 들어 명품 업체를 위해 체험형 점포를 개설하거나 소비자에게 부가가치가 있는 별도의 서비스를 제공하고 서비스료를 받는다. 이것이야말로 판매 채널의 서비스화인 것이다.

요컨대 오프라인 점포는 앞으로도 계속 존재할 것이지만 상품을 판매하는 역할은 점점 작아지고 오프라인에서 보고 온라인으로 사는 비율이 늘어날 것이다. 그러므로 백화점이나 슈퍼마켓은 공동경영모델에서 점차 월세 모델로 전환하고 대리점도 그 수입원을 상품이익에서 서비스료로 전환해 나갈 것이다.

▶무인 비즈니스 모델은 단명할 것인가

2017년, 놓칠 수 없는 세력, 즉 각종 '무인 비즈니스 모델'이 소매유통 업계에서 우후죽순 속속 등장했다. 우선 무인 편의점부터 시작되었고, 이어 무인선반(shelf), 그리고 다양한 형태의 자동판매기와 온라인 배차 서비스의 판매 등 다양한 무인 비즈니스 모델이 출현한 것이다.

무인선반은 뉴 리테일이라고 할 수 있을까? 그렇다면 이런 뉴 리테일은 오래도록 살아남아 대성공을 거둘 수 있을까?

시스템 사상을 이용해서 '무인 비즈니스 모델'의 거래구조를 분석해 보자.

우선 무인 비즈니스 모델은 현대에 와서 창조된 것이 아니다. 경제서의 베스트셀러, 〈괴짜 경제학 -장난꾸러기 교수가 세상의 이면을 탐험한다(스티븐 D 레빗, 스티븐 J 다브너 공저)〉에서 다음과 같은 케이스가 소개되고 있다.

1980년대 미국의 애널리스트 폴 펠드먼은 매주 금요일에 베이글을 회사로 가져가 사원들을 격려했다. 그것을 들은 다른 동료들이 베이글을 먹고 싶다고 해서 그는 매주 15다스의 베이글을 회사에 가져갔다. 그는 비용를 회수하기 위해서 베이글 근처에 돈을 넣는 바구니를 두고, 가격표를 붙여 두었다. 동료들은 자율적으로 돈을 넣었는데, 비용의 회수율은 95%였다.

후에 그는 본격적으로 베이글 판매 사업을 시작했다. 자기 회사뿐만이 아니라 다른 회사에도 베이글 판매대를 설치한 것이다. 불과 몇 년 만에 일주일 동안 베이글의 판매 수량은 8,400개로 증가했고 판매대를 설치한 곳도 140곳이나 되었다. 그러나 모든 회사의 회수율이 높은 것은 아니었다. 그래서 그는 현황을 정리해 분석했다.

대금 회수율이 90% 이상이면 '성실하고 신용 있는' 기업, 80~90%이면 '아니꼽지만 아직 거래할 수 있는' 기업으로 결론을 내리고, 만약 판매금 회수율이 80%가 안 될 경우 경고 메시지를 붙였다.

이것이 '무인선반'이 아닐까? 현재 비슷한 사연이 휴게실이나 사무실 빌딩 일각에서 많이 들려오고 있지 않은가. 단지, 이야기의 주인공이 각종 간식이 놓인 무인선반으로, 돈을 넣는 바구니가 QR코드로 바뀌었을 뿐이다.

2017년 쉐어 자전거와 쉐어 모바일 배터리 외에 무인선반이 '신 비즈니스 투자기회'가 되었다. 통계에 따르면 50개 이상의 무인선반 벤처기업이 등장했다.

중국 비즈니스 연구원인 중상산업연구원(中商産業研究院)이 조사하여 발표한 〈2017년 중국 무인선반 시장의 미래에 대한 연구보고〉에 따르면 2017년 9월까지 적어도 16개의 무인선반 벤처기업이 투자를 받았고, 그중 최고 금액은 약 3억 3000만 위안이었으며 전체 투자 총액은 25억 위안을 넘어섰다.

벤처기업 외에도 많은 업계의 거두가 이 시장에 뛰어들었다.

2017년 12월, 알리바바는 가전업체인 미디어그룹(美的集団, Midea Group)과 손을 잡고 '소매궤'(小売櫃, Xiaomaigui)를 발표하며 정식으로 무인선반 분야에 진출했다.

무인선반에는 연고도 없을 것 같은 소프트웨어 개발기업인 치타모바일(獵豹移動, Cheetah Mobile Inc)도 무인선반 분야로의 진출준비를 시작했고, 2017년 11월 초에 산하의 무인선반기업인 표범편리(豹便利, Baobianli)의 운영을 시작, 이미 5,000여 곳에 무인선반을 설치했다.

쑤닝전기(蘇寧電器, Suning)도 2018년에 쑤닝 구멍가게(蘇寧小店, Suning xiaodian Biu)의 시험 운영을 시작, 전국에 5만 대를 설치할 예정이다. 이렇게 후발 기업이 속속 진출하여 무인선반 분야의 '선두 추월'을 목표로 하고 있다.

인기 절정의 무인선반, 그 거래구조는 전통매점이나 복도에 있는 자판기에 비해 정말로 효율적일까?

새로운 비즈니스 모델의 효율성 여부를 판단하려면, 주로 이 모델이 시스템 전체에서 얼마나 비용을 절감했는가, 동시에 비용 절감을 위한 비용이 얼마나 증가했는가를 살펴보아야 한다.

새롭게 증가한 비용이 삭감 비용보다 작으면, 이 새로운 비즈니스 모델은 보다 고효율적이라고 말할 수 있다.

▶늘리지 않을 수 없는 신용 비용

우선 무인선반이 얼마만큼의 비용을 절감했는지를 보자.

빌딩 아래 편의점과 달리 무인선반은 사무실 내에 설치되므로, 높은 임차료를 절약했다. 동시에, 아무런 테크놀로지도 사용되지 않고

극히 간소화된 선반에는 방범 설비, 지폐의 식별 장치, 거스름돈, 상품을 꺼내는 입구 등도 없으므로 자동판매기와 같이 수만 위안을 들여 생산할 필요가 없다. 복도에 있는 자판기에 비교해서 무인선반은 설비 비용을 대폭 축소했다.

여기에도 문제는 있다. 효율의 각도에서 임차료와 설비 비용은 줄였지만, 동시에 늘리지 않을 수 없는 비용, 바로 신용 비용이 발생한다.

밀폐된 자판기와 비교해 무인선반은 개방적인 상태다. 무인선반의 방식에는 여러 가지가 있다.

첫 번째로는 선반+QR코드, 두 번째는 선반+냉장고+QR코드, 세 번째로는 선반+냉장고+QR코드+감시카메라의 조합이 있다.

판매 상품은 포테이토칩, 컵라면, 쿠키, 스낵 등 일상적인 간식거리와 생수, 콜라, 커피 등 소프트 드링크가 주를 이룬다.

얼핏 보면 회사가 무료로 제공하는 복리후생의 일환인 것 같은데, 가까이 다가가 보니 선반에는 분명히 '위챗(微信, WeChat)으로 스캔, 셀프서비스 판매'라고 표시되어 있다.

보다 낮은 비용으로 정보를 제공하는 것은 물론 좋은 일이지만, 이런 방식으로는 분명히 결제의 리스크가 있다. 돈을 지불하지 않고 상품을 가져가는 사람은 없을까?

이런 가능성은 반드시 있다. 앞에서 예를 든 펠드먼(Feldman)이 베이글을 판매하던 그 상황과 같다.

예를 들면, 상품을 집었지만 돈을 지불하고 싶지 않거나, 혹은 그

때 마침 전파상태가 나빠서 연결이 잘 안 되어 나중에 지불하려고 했지만 이내 잊어버리는 일이 일어날 수 있을 것이다. 빌딩 아래 편의점이나 복도 자동판매기와 비교해 무인선반은 필연적으로 상품 로스가 큰 모델이다.

이와 같이 '양심의 신용'에 의지하는 모델에서는 상품 로스가 심각해질 가능성이 있다. 업계에서는 일반적으로 20%의 로스율을 데드라인으로 본다. 많은 기업들이 입으로는 5% 내외로 유지하고 있다고는 하지만, 로스율이 높다는 것을 확인된 매대에 대해서 무인선반 기업은 그곳의 선반을 곧장 철거한다.

한가지 얻는 것이 있으면 반드시 한가지 잃는 것이 있다. 무인선반이 현실적으로 가능한 사업 모델일까? 아니면 일시적이고 금세 사라져 단명할 모델일까? 이것은 직감만으로 바로 대답할 수 있는 문제가 아니다. 왜냐하면 이것은 '논리로는 성립하지만, 데이터로는 성립하지 않을지도 모르는' 전형적인 비즈니스 모델이기 때문이다.

논리적으로는 '삭감한 비용(높은 임차료, 설비 비용 등)'이 새롭게 '증가한 비용(로스율)'보다 크면 이 모델은 성립한다. 그러나, 데이터상에서 삭감한 비용이 증가한 비용보다 정말로 클까? 이것은 실제로 운영하며 데이터를 수집하고 난 후가 아니라면 대답할 수 없는 문제다.

어쨌든 현재 무인선반의 운영은 생각처럼 되지 않는 것처럼 보인다. 업계를 리드하는 유니콘 기업의 고릴라 편의점(猩便利, Xingbianli)의 경우 2018년 초, 구조조정과 점포 폐점 같은 소식이 끊이지 않았다.

비슷한 시기 베이징에서는 무인선반을 5,000대 이상 가지고 있던 세븐코알라(七只考拉, Seven Koalas)에서도 구조조정 소식이 알려지며 일부 지역의 선반이 철수했다.

무인선반은 설치 후 1달 정도에서 대부분 철수되었다. 원인은 상품을 가져가는 이들은 많지만, 돈을 내는 사람은 많지 않아서 매일 끊임없이 상품 보충을 해야만 운영을 유지할 수 있었기 때문이다. 또, 오피스 빌딩에 설치된 무인선반은 심각한 도난 문제에 직면했다. 일부 매대에서는 거의 모든 상품이 도난 당했다. 무인선반 기업의 재고관리 담당직원이 아무런 방범 조치를 취하지 않는 것을 알고 물건을 채워 넣는 즉시 상품을 훔치기도 한다.

뉴 리테일의 옷을 입은 무인선반이지만, 판매체제는 부부가 경영하는 작은 점포보다 대단히 원시적인 상태로 회귀하고 말았다.

도산해버린 무인선반 업체의 창업자 대부분은 노력이 모자랐던 것이 아니라 사람들의 도덕성이 너무 낮다며 한숨을 내쉬었다.

정말 그럴까? 만일 도덕성의 문제라고 하더라도 이런 비즈니스를 하려고 한다면, 도덕성의 문제와 같은 리스크를 회피하는 방법이 필요했던 것은 아닐까? 아니면 이런 리스크는 정말로 피할 수 없는 것일까?

예를 들어보자. 음식배달회사의 택배원이 일반적으로 이용하는 전동자전거는 본체 자체는 무거워서 도난 당하기 어렵지만, 배터리는 도둑맞기 쉽다.[02] 하지만 그렇다고 해서 택배원들이 아파트 안으로 물건을 배달하러 갈 때마다 매번 배터리를 떼어서 들고 갈 수는 없다. 그것은 시간과 체력을 낭비하는 일이다.

자, 그렇다면 어떻게 하면 좋을까? 한 배달회사에서는 택배원이 다세대 주택 구역에 도착하면, 택배원에게 회사 시스템을 통해 문자메시지를 한 통 보낸다. 축적된 데이터에 근거한 그 지역의 안전 상황, 맨션 안으로 들어갈 때에 배터리를 가져갈 필요성의 유무가 메시지로 보내지고, 택배원은 현재 상황에 대입해 배터리를 빼들고 갈 것인지 아닌지를 판단한다.

그럼 회사는 어떻게 이 지역이 안전한지 알 수 있을까? 그것은 과거의 경험에서 실제상황을 통계로 집계한 데이터가 있기 때문이다. 이렇게 지역마다 배터리를 가져갈 필요성 여부를 알 수 있게 되면서 상품의 택배 효율은 최고 수준까지 올라갔다. 데이터를 사용해 운영 효율을 올리고, 이것으로 신용 비용을 컨트롤 할 수 있을 가능성이 생긴 것이다.

어쨌든, 무인선반은 '논리로는 성립하지만, 데이터로는 성립하지 않을지도 모르는' 비즈니스 모델로, 정말로 성공할 수 있을지는 당분간 운영해 보지 않으면 모르는 것이다.

강한 운영 모체를 가지고 있는 기업이 만약 데이터를 기초로 한 신

---

02) 중국에서 배달원들은 대부분 탈부착이 손쉬운 배터리를 장착한 전동자전거를 사용하고 있다.

용 리스크 컨트롤 방법을 발견해낸다면 이 모델이 뉴 리테일의 대표가 될 가능성도 있을 것이다.

▶무인 슈퍼마켓은 뉴 리테일인가

2017년 10월, 진동(京東集団)의 첫 무인 슈퍼마켓이 진동 본사 건물에서 문을 열었다. 얼굴 인증, RF태그, 자동 센서 등 테크놀로지를 종합적으로 이용해 무인선반과 마찬가지로 계산대를 없애고 상품을 '그대로 가져가는' 체험을 제공한다. 12월 30일에는 지방도시 옌타이시(煙台市)에서도 무인 슈퍼마켓을 오픈했다.

인터넷 기업 이외에도 와하하(杭州娃哈哈合資公司), 이리(内蒙古伊利実業集団股份有限公司) 등, 역사가 깊은 장수기업들도 자사의 특색에 맞춘 무인 편의점을 개설한다고 발표했다.

무인 슈퍼는 순식간에 신(新)비즈니스의 투자 기회가 됐고, 사람들 사이에선 뉴 리테일의 표본처럼 되었다.

투자가 활발해지고 있는 무인 슈퍼를 뉴 리테일이라고 할 수 있을까? 정보의 흐름, 돈의 흐름, 물류 등 세 가지 측면에서 무인 슈퍼가 대체 무엇을 했는지 분석해 보자.

정보의 흐름을 보면 이전과 같은 면적으로 상품을 전시하고, 같은 재고를 안고, 같은 수도광열비 등의 코스트가 발생하므로 정보 비용은 기존의 슈퍼와 다를 바가 없다. 소비자는 쇼핑을 마치고 예전과 마찬가지로 스스로 상품을 들고 돌아가야 하니 물류 코스트도 또한 변하지 않는다.

무인 슈퍼의 가장 큰 변화는 바로 계산원의 감축이다. 각 상품에는 RF태그가 부착되어 있다. 소비자는 매장을 나가기 전, 긴 통로를 거치는데, 이때 자동인식 기술로 슈퍼 선반에서 집은 상품을 인식한다. 상품대금은 직접 온라인으로 결제한다.

이렇게 결제의 프로세스인 계산원을 생략한 것은 무인슈퍼가 '삭감한 비용'이지만 동시에 '새로 증가한 비용'이 생겼다.

예를 들면, 복잡한 설비의 비용, 정보 태그 비용, 그리고 아무도 매장을 관리하고 있지 않으므로 내점객이 많을수록 상품 진열대는 곧 엉망이 되므로, 그것을 정리하는 비용이 증가한다.

비용 구조로 볼 때, 나는 삭감한 비용이 반드시 새롭게 증가한 비용보다 많다는 것에 동의하기 어렵다.

알리바바 전 CEO로 투자펀드인 비전나이트 캐피털(Vision Knight Capital)의 창업자 웨이저(衛哲)는 공식석상에서 이렇게 말했다.

"나는 무인 슈퍼에 대해 매우 반대한다. 분명한 효율상승을 보이지 못한다면 무인 슈퍼는 벤처창업자들에게 사업의 기회라고 할 수 없고, 단순히 대기업이 그저 실력을 과시하는 수단으로 전락하고 말 것이다."

▶상상력을 발휘하지 않으면 트래픽은 획득할 수 없다

2018년 들어 최신 신사업 투자기회는 라이브 퀴즈(라이브로 진행하는 유저 참가형 퀴즈프로그램)였다. 소매유통과는 관계없지만, 장래 고객들의 트래픽 획득 방법, 특히 온라인에서의 트래픽 획득 방법에 있어서, 몇 가지 정해진 패턴에 한정될 필요가 없음을, 상상하기에 따라서 얼마든지 새로운 방법이 생길 수 있다는 것을 우리에게 가르쳐 준다.

라이브 퀴즈는 미국의 인기 퀴즈앱 'HQ Trivia(라이브로 진행하는 유저 참가형 잡학퀴즈)'를 모방했다.

2017년 8월 'HQ Trivia'의 애플 iOS 버전이 출시된 후, 12월에는 상금이 1만 달러로 올랐고, 한때 온라인 플레이어가 약 40만 명이나 됐다.

2018년 1월 3일 대련 완다그룹(大連万達) 창업자 왕젠린(王健林)의 아들인 왕쓰총(王思聰) 이사는 웨이보(微博, Weibo)에서 '돈을 뿌리는 것은 나의 즐거움', '나는 매일 상금을 주고 있다, 오늘 밤 9시에는 10만 위안을 건다'며 도발적인 메시지로 자신이 투자하는 라이브 퀴즈 앱 '충딩다후이(沖頂大会)'의 프로모션을 시작했다.

곧바로 여러 업계의 기업들이 라이브 퀴즈 시장에 참전했다.

예를 들면 현재까지 인터넷 기업의 거두들인 'BAT[03]'와 그에 이은 대형 'TMD'[04]가 참가해, 차례로 상품을 릴리즈했다. 게다가 샤오미(小米科技)를 비롯하여 검색엔진 360서치(360 Security Browser), 포털 사이트 인터넷 이스(Net Ease), 소셜 애플리케이션 모모(Momo), 라이브앱 잉커

---

03) BAT: Baidu(바이두), Alibaba(알리바바), Tencent(텐센트) 세 회사를 말한다.
04) TMD: Toutiao(뉴스 앱), Meituan(생활 정보 사이트), Didi(온라인 배차서비스 디디) 세 회사를 말한다.

(Inke)등 어느 정도 규모의 인터넷 기업도 거의 참가했다.

왕쓰총이 '충딩다후이(冲顶大会)'의 프로모션으로 웨이보를 발신한 지 6일 만인 1월 9일, 메이퇀디엔핑(美团点評)과 라이브 배급앱 화자오(Huajiao) 산하의 퀴즈 어플리케이션 바이완잉자(百万赢家)가 처음 제휴를 기념하는 상금으로 100만 위안 규모의 퀴즈를 내면서 그 안에 메이퇀디엔핑에 관한 문제를 4문항 삽입했다.

또, 이날 온라인 금융 서비스 취뎬그룹(趣店集团, Qudian)은 잉커(映客) 산하의 퀴즈 애플리케이션, 즈쓰차오런(芝士超人)의 첫 광고 스폰서로 1억 위안을 투자했다. 이것은 톱 버라이어티 프로그램의 타이틀 스폰서 광고비에 상당하는 금액이다.

이어서 바이두의 검색앱 'Search Craft', 화웨이의 스마트 폰 '華為 X7', 그리고 진동 등도 앞다투어 라이브 퀴즈의 스폰서가 됐다.

사람들이 본 것은 돈을 마구 뿌리는 광기와 기쁨이 난무한 축제 같은 소동이었겠지만, 내가 본 것은 이전에 없던 거대한 트래픽의 획득 방법이었다. 거액의 상금에 이끌려 앞다투어 문제에 답하는, 자신에게도 상금 획득의 찬스가 있다고 믿는 사람들이 의외로 많았다.

1월 3일 9시에 개최된 '충딩다후이'는 상금이 무려 10만 위안으로, 28만 명의 플레이어(유저)를 모았다. 사용자 한 명당의 트래픽 획득 비용은 불과 0.35위안이었다.

백만영웅(百万英雄)[05] 퀴즈 앱은 상금 200만 위안으로 175만 명의 플레이어를 끌어들였다. 인당 트래픽 획득비용은 1.14위안으로 그리 높지 않았다. 참고로, 현재 일반적인 인당 트래픽 획득비용은 이미 10위안을 넘어섰다.

이전에는 광고주가 직접 플랫폼에 광고비를 지불했지만, 라이브 퀴즈가 등장한 후에는 광고주가 플랫폼을 통해 직접 유저에게 광고비를 준다. 게다가 광고주 입장에서 라이브 퀴즈의 플레이어는 문화 수준이 높고 집중력도 높다. 문제를 푸는 몇 초간이지만 전력으로 퀴즈에 도전하므로 광고 효과가 높고 광고 가치는 더 크다.

이것은 도대체 무엇을 의미하는 것인가? 과거 오프라인에서 고객들(트래픽)을 오게 하는 수법은 이미 확립되었으며 '명소', '맛집', '성소' 등등 이 두 글자만으로 고객들을 모으는 모든 논리를 총괄할 수 있었다.

그러나, 오프라인에서 온라인으로 전환하면서 고객들의 흐름은 광범위하게 분산되어, 손님들을 모으기(트래픽의 획득)는 보다 어려워지고 획득비용도 또한 상승했다.

프로덕트 매니저의 대부분이 저비용으로 고객들을 끌어들이는 수법으로서 인터넷이 가장 현실적이고 가장 수지가 맞는다는 것을 서서히 눈치채고 있었다. 중요한 것은 온라인에서 고객들을 모으는 방법은 오프라인과 달리 여러 방법이 있다는 점이다. 모바일 인터넷이라

---

05) 백만영웅(百万英雄): 今日頭⊠ 산하의 숏무비 전송 애플리케이션, 시과스핀(西瓜視頻)의 퀴즈 앱.

는 새로운 도구의 등장 후, 고객들을 얻는 수법은 다원화되었고, 다종 다양하고 더 많은 다양한 조합으로 이를 이용할 수 있게 되었다.

예를 들면 제3장에서 소개한 차내(車載)편의점 '모지삐엔(魔急便, Mobile Go)'은 쉽게 말하면 온라인 배차 서비스인 디디에 있는 무인선 반인 셈이다. 모바일 인터넷이 가져온 결제의 편리성을 전제로 한 모지삐엔은 촉각을 승객에게까지 늘린 것이다. 택시에 승차하는 행위 자체가 모지삐엔 입장에서는 고객이 찾아온 것이다.

모바일 인터넷이 가져온 결제의 편리성을 활용하면서 점점 많은 기업들이 전 세계에서 새로운 고객 모집 방법을 찾기 시작했다.

무인선반 모델은 현재로선 운영상 문제가 발생해 장차 성공을 거둘지 알 수 없다. 그러나 우리가 분명히 알아야 할 것은 각종 무인상점 모델의 본질은 고객을 모으는 하나의 방법이라는 점이다.

앞으로도 고객을 모으는 방법은 다원화하고 분산화되며 다양해질 것이다. 앞에서 서술한 경우는 현재, 아무리 옳다고 생각하는 고객 모집방법이더라도 그것을 사수해서는 안 된다는 것을 우리에게 시사한다.

만약, 작은 가게에 자연적으로 고객들이 모이니까 그 집 바로 옆에서 작은 가게를 오픈한다는 비즈니스 모델은 반영구적으로 틀리지 않는다고 생각하더라도, 이 고객 모집의 방법을 사수해서는 안 된다.

모바일 인터넷의 거대한 흐름 하에서 고객들의 모집 구조가 일단 변화하면 필연적인 정답은 없어진다. 만일 그렇게 되면 고객 모집방법 근저에 있는 논리들을 재고하고 상상력을 크게 발휘해, 다양한 고객 모집방법의 모델을 시험해 볼 필요가 있다. 새 모델을 2~3년 운영하고 시행착오를 수정하고, 그리고 나서야 최종적으로 확정하는 것이다.

이처럼 뉴 리테일은 그 모습을 지금 이 순간에도 변화에 적응하며 진화시켜 간다.

미래의 뉴 리테일을 만드는 것은 당신의 상상력에 달려있다.

글을 마치며

—

1997년, 피터황(黃明瑞)은 대형 슈퍼, RT마트(大潤發)를 창립했다. 13년 후, 2010년 RT마트는 까르푸를 대신할, 당시 중국 대륙의 소매유통 업계의 선두에 나섰다.

2011년 RT마트는 오샹(歐尚)과 합병하고 홍콩에서 상장하며 중국 최대의 소매유통 기업이 됐다. 그리고 그는 '육지전(육상전투)의 왕'으로 불리게 됐다.

이때의 그에게 누군가 "마윈을 조심해. 6년 후에 알리바바가 너희를 인수할지도 몰라."라고 했다면, 그는 하늘을 향해 박장대소하며 이렇게 말했을 것이다.

"마윈은 어디서 굴러먹던 자요?"

하지만 그는 곧 e커머스의 위력을 느꼈다.

2013년 그는 B2C사이트, 페이뉴왕(飛牛網, Feiniu.com)을 설립하여 마윈과 류창둥에게 대항할 생각이었다. 그의 가장 큰 바람은 마윈과 류창둥이 싸움을 걸어오는 것이었다. 그러나 그들은 전혀 시비를 걸지 않았다. 철저히 무시한 것이었다.

"그들이 싸움을 걸어오면 난 갑자기 의욕이 생긴다. 우리는 매일 그들에게 싸움을 걸었다. 하지만 그들은 그것을 받아주지 않았다. 우리는 마음을 접었고, 좌절했다."

2017년 11월, 알리바바는 224억 위안에 RT마트를 인수했다.

2018년 1월 RT마트의 '송년회'에서 피터황은 가슴 아픈 이야기를 했다.

"우리는 지금까지 모든 경쟁상대를 물리쳤지만 결국 '시대'에 지고 말았다."

이 한마디에 모두는 눈물을 흘렸다.

RT마트는 정말 이 시대에 진 것일까?

아니, 꼭 그렇지는 않을 것이다. 소매유통의 전쟁터에서는 아직도 곳곳에서 초연(硝煙, 화약연기)이 자욱하게 피어 오르면서 군웅(群雄)들이 천하를 다투며 싸우고 있다.

다만 전차가 등장하면서 전격전(電擊戰)을 치르게 된 것처럼 인터넷이 등장하면서 인터넷전을 치르게 됐다. 싸움의 판국은 갈수록 복잡해졌다. 그러나 누구도 승부가 결정되었다고는 말하지 않는다.

모든 과거는 서장(序章)에 불과하다.

모든 것은 오고 가며 모든 것이 서장이 된다.

소매유통업의 노병(老兵)이라도 인터넷의 신병이라도 뉴 리테일이라는 이 새로운 전장의 본질을 충분히 이해해야 한다. 그리고, 자신에게 맞는 최선의 전략을 찾아내 전쟁에서 승리해, 보다 빛나는 성과를 올리기 바란다.

신유통혁명

1판 1쇄 : 인쇄 2019년 08월 15일
1판 1쇄 : 발행 2019년 08월 20일

지은이 : 유윤(劉潤)
옮긴이 : 서지원
펴낸이 : 서동영
펴낸곳 : 서영출판사

출판등록 : 2010년 11월 26일 제 (25100-2010-000011호)
주소 : 서울특별시 마포구 월드컵로31길 62, 1층
전화 : 02-338-0117 팩스 : 02-338-7160
이메일 : sdy5608@hanmail.net

디자인 : 이원경

ⓒ2019유윤(劉潤) seo young printed in seoul korea
ISBN 978-89-97180-84-4 13320